基于核心素养的初中语文教学探究

姚春霞◎著

线装書局

图书在版编目（CIP）数据

基于核心素养的初中语文教学探究/姚春霞
著.--北京：线装书局，2024.1
ISBN 978-7-5120-5844-6

Ⅰ.①基… Ⅱ.①姚… Ⅲ.①中学语文课
－教学研究－初中 Ⅳ.①G633.302

中国国家版本馆 CIP 数据核字（2024）第 033429 号

基于核心素养的初中语文教学探究
JIYU HEXIN SUYANG DE CHUZHONG YUWEN JIAOXUE TANJIU

作　　者：姚春霞
责任编辑：林　菲
出版发行：线装书局
　　　　　地　　址：北京市丰台区方庄日月天地大厦 B 座 17 层（100078）
　　　　　电　　话：010-58077126（发行部）010-58076938（总编室）
　　　　　网　　址：www.zgxzsj.com
经　　销：新华书店
印　　制：北京四海锦诚印刷技术有限公司
开　　本：787mm×1092mm　1/16
印　　张：11.25
字　　数：215千字
版　　次：2024年1月第1版第1次印刷
定　　价：78.00 元

线装书局官方微信

◆◆◆ 前　言

2022年4月，教育部印发《义务教育课程方案和课程标准（2022年版）》（以下简称"新方案"和"新课标"），标志着义务教育阶段的课程改革全面迈入核心素养时代。此次修订，全面落实培养担当民族复兴大任时代新人的要求，将党的教育方针具体细化为课程应着力培养的学生核心素养，体现正确价值观、必备品格和关键能力的培养要求，为深化义务教育课程改革提供了重要指引。让核心素养落地，是本次课程标准修订的工作重点。在新课程标准背景下，基于核心素养的教育教学工作值得探讨和深究，本书正是基于新课程核心素养下的初中语文课程教师教学参考用书。

本书首先介绍义务教育新课程修订的要点与核心，从义务教育新课程标准的教育学意义、修订的要点、义务教育新课程语文标准变化及核心进行阐述。在此基础上，引出对初中语文课程核心素养的解读，包括对核心素养的概述、核心素养四个方面的关系的论述以及对初中语文培养学生核心素养进行探究，并进一步探究初中语文课堂教学、初中语文教学方法及教学中对学生思维能力的培养。针对新课标中提出的学习任务群这一重要概念，书中也进行概念阐释和实践探究。对于学习方式的变革，则是从初中语文情境教学、探究性学习、整本书阅读和现代信息技术在语文教学中的应用四个方面进行阐述。在本书的最后，还对基于核心素养的初中语文教师的专业发展作了简要分析，为教师专业发展提供参考。

总之，本书根据新版义务教育课程方案和课程标注的重要内容，结合多年的初中语文教学实践经验进行思考和探索，以期对从事初中语文教学相关专业的工作者、学者以及爱好者有研究参考的价值。

❯❯◆ 目　录

▶▶▶ 第一章 义务教育新课程标准修订的要点与核心

第一节 义务教育新课程标准的教育学意义及修订要点

一、义务教育新课程标准的教育学意义

（一）新课程标准的属性：内涵澄清与文本框架

课程标准是一个什么样的文本？其框架或主体内容有哪些？课程标准在整个教育体系之中处于一个什么样的位置？发挥什么作用？

《义务教育课程方案（2022 年版）》指出："国家课程标准规定课程性质、课程理念、课程目标、课程内容、学业质量和课程实施等，是教材编写、教学、考试评价以及课程实施管理的直接依据。"这句话包含三层意思。第一，强调课程标准的属性。课程标准体现的是国家意志，是国家教育意志在课程层面的体现，不是参与研制和修订的专家的个人学术见解和主张。这是课程标准权威性的根据。各行各业都有国家标准，课程作为学校教育的核心，自然也得有国家标准。课程标准是国家教育标准的重要组成部分。第二，提示课程标准的文本构成。国家课程标准主要由"课程性质、课程理念、课程目标、课程内容、学业质量和课程实施"等组成，这六个板块是标准的主体。其中课程性质是对一门课程的"定性"，主要回答这是一门什么样的课程，这门课程的育人价值和教育意义是什么；课程理念是对本次课程改革和建设的"定位"，主要阐述课程改革的立场、方向和观点；课程目标是对学生学习这门课程所应达到的发展水平和最终结果的预设和期待；课程内容是这门课程所规定的学习范围和对象；学业质量是学生在学完阶段性内容之后的学业成就表现；课程实施是根据课程标准进行的教材编写、教学、评价考试等活动。这六个板块相对完整地阐述了一门课程的主要教育教学问题。第三，规定课程标准的作用。所有标准都具有"准绳""尺子"的规范、依据作用，课程标准"是教材编写、教学、考试评价以及课

程实施管理的直接依据"。何谓直接依据？法官判案的直接依据是"法律"而不是"法学"，教师教学活动的直接依据是"课程标准"而不是"教育学"。可以说，所谓直接依据也就是刚性的要求，国家和学校组织的一切有关课程的活动都必须基于课程标准，教科书必须依据课程标准编写，教学必须依据课程标准展开，考试评价必须依据课程标准命制试题。课程标准是带有法规性质的课程活动纲领、准则，或者说，是一门具有法规性质的实践性"教育学"。

课程标准是国家规范基础教育课程运作的纲领性文件，也是教育行政部门推进课程改革行动的指导性文件。所以，从国家层面讲，基础教育课程改革乃至整个基础教育改革往往都要从课程标准的研制或修订开始。这几乎是国际的惯例。课程标准的研制和修订是基础教育改革的引擎和支点。没有这个引擎，改革引发不出来；缺乏这个支点，改革就无从着力。实际上所有行业都无一例外，标准的制定和确立是改革与发展的源头，谁掌握了标准，谁就掌握了行业的领导权和话语权。课程标准是基础教育改革的第一依据、第一推动力。我国20余年来基础教育改革的实质性进展都是源于课程标准的研制和修订的。

(二) 新课程标准的立意：从学科立场走向教育立场

本次课程标准修订强化和凸显人的因素，将课程目标指向核心素养，推动基础教育课程由学科立场向教育立场（学生发展）转型。这是课程观的根本变革。

立场问题是课程标准研制和修订的首要问题。学科立场和教育立场是课程标准研制和修订的两种基本立场。学科立场是学科本位论的体现，教育立场则是以人为本（儿童本位论）的反映。本次义务教育课程标准修订以立德树人根本任务为指引，以核心素养（人的全面发展）为导向，旗帜鲜明地把课程从学科立场转向教育立场，以人的发展特别是核心素养的形成为宗旨重建课程标准的方方面面。

将核心素养作为课程标准的内核或基因，凝练课程培育的核心素养就成了课程标准修订的先导性、关键性工作。

凝练课程培育的核心素养，本质上要精准回答以下两个问题：第一，究竟要"培养什么人"？第二，本门课程的独特育人价值是什么？结合起来说，本门课程究竟在促进学生全面发展或核心素养的整体提升中扮演什么角色，发挥什么作用？这里实际上涉及人的核心素养与课程培育的核心素养的关系问题。相对而言，人的核心素养指向人的全面发展，课程培育的核心素养指向人的特色发展，二者是一般与特殊、共性与个性、整体与局部的关系，也是相互包含、相互转化、相互融合的关系。如果说核心素养是作为新时代期许的新人形象所勾勒的一幅"蓝图"，那么各门学科则是支撑这幅蓝图得以实现的"构件"。

但是二者又有各自的相对独立性，不能相互代替。一门课程培育的核心素养就是要找到本门课程在促进人的一般、共性、整体发展中所发挥的特殊、个性、局部的价值和作用，从而以特殊、个性、局部的发展带动一般、共性、整体的发展。在课程的层面讲核心素养，强调的是课程的独特育人价值，是从课程的角度发力培养学生，但最终都要指向人的核心素养的发展，服务人的一般、共性、整体的发展。

具体而言，本次义务教育课程标准修订，在凝练课程培育的核心素养上特别强调以下三个核心点。第一，深度挖掘各门课程的独特育人功能。学校教育是以课程为载体进行的，各门课程的确立则是以其独特的育人价值和功能为依据的。事物之所以存在并拥有立足之地，继而具有独立甚至崇高的学科地位，更大程度上是由它独特的"功能"所决定的。所以，凝练各门课程培育的核心素养，首先就是要深度挖掘和精准阐述课程独特的育人性。第二，注重本课程对促进学生一般发展应做的贡献。每门课程虽各有侧重，但都内在地包含德智体美劳的要素和成分。发挥全面育人功能、促进学生一般发展是每门课程不可推卸的职责，学生德智体美劳全面发展需要所有课程共同发力。第三，遵循义务教育的规律，体现义务教育的特性。要提炼的是义务教育阶段各门课程培育的核心素养，理所当然地必须遵循义务教育的根本规律并体现其根本特性。其一是基础性。义务教育是基础教育中的基础，义务教育要培育的是基础维度、基础层面的核心素养，义务教育阶段课程培育的核心素养应体现基础性、起始性，为高中阶段乃至终身发展打根基。其二是综合性。课程的综合化和跨学科性是义务教育课程改革的世界性走向，凝练义务教育阶段课程培育的核心素养必须体现这一特性，注重挖掘各门课程对培育学生综合素养应做的贡献。其三是成长性。义务教育阶段的培养对象是快速成长中的儿童少年，为此要从成长的视角提炼和阐述课程培育的核心素养的内涵，使这些核心素养本身成为一个可以引领儿童少年持续成长的风向标，而不是一个凝固的评判标准。这三点是教育部义务教育阶段课程标准修订指导组的统一要求，也是课程标准修订组的共识。本次义务教育阶段课程标准修订所凝练出来的各门课程培育的核心素养都体现了这三条基本要求。

总之，人的问题和教育的问题成为课程标准的首要问题。可以说，课程标准是从课程视角具体、真实回答教育学的核心命题，即"培养什么人、怎么培养人"（培养学生什么素养，用什么内容、通过什么路径进行培养）的问题。从这个意义上讲，课程越来越成为教育问题而不仅仅是学科问题，课程标准的教育学味道越来越浓了，甚至可以说，课程标准就是一门基于课程的"教育学"。

显然，核心素养导向的新课程标准既不同于三维目标导向的课程标准，更不同于双基导向的教学大纲。之前的教学大纲和课程标准从根本上说都是属于内容导向或者说是以内容为核心的，都是围绕学科知识内容的选择与组织来做文章的，几乎看不到人的因素，也极少阐述和揭示课程的育人价值，所以跟教育学的关系相对"疏远"。根据参加最后一次教学大纲修订的专家回忆，修订的主题和中心还是围绕知识的多和少、难和易展开的。

三维目标导向的课程标准较之于教学大纲当然是前进了一大步。这种进步的突出表现是知识观的变革。三维目标实质上是知识的三个维度、三种属性或三个类型，即结论性知识、过程性知识、价值性知识。课程标准围绕这三种知识进行选择和组织，较之于单纯关注结论性知识（双基）的选择和组织自然是一大进步，知识的完整性、全面性也更有助于学生的发展。但是，三维目标并不等同于人的发展，落实了三维目标不等于就实现了人的发展。人的发展在三维目标导向的课程标准里是一个抽象的概念，没有聚焦性的内涵，因此难以得到真正的落实。实际上，在实施过程中，三维目标出现了割裂现象，游离于人的发展之外。

凝练课程培育的核心素养，挖掘课程的独特育人价值，就是要解决三维目标与人的发展的统一性问题。在新课程标准中，人的发展被转化和具体化为核心素养的发展，课程标准修订特别是课程内容的选择、组织、建构都围绕、体现核心素养，并最终转化为核心素养，这样人的发展也就和课程内容建立起有机统一的联系。核心素养是我国本次课程标准修订的一根红线，贯穿课程标准修订的全过程，统领课程标准的各部分，从而使课程标准的各个组成部分保持内在的一致性和统一性，即二者形成鱼水的关系，而不是油水的关系。核心素养既然是课程的 DNA，那就意味着整套课程的全部密码都在其中。换言之，核心素养是课程体系的"基质"和纲领，课程的所有内容与目标均须由此推演而来。

核心素养与课程标准各部分的关系为：课程性质是人的核心素养具体到课程层面的依据，包含这门课程及其所依托的学科的基本属性、特点、价值和意义；课程理念体现核心素养导向的课程改革的基本诉求，主要从课程目标、课程内容、课程实施、课程评价等方面阐述基于核心素养的课程改革的方向和追求；课程目标是人的核心素养具体到课程的转换枢纽，集中阐述课程培育核心素养的内涵、维度、学段特征以及在课程目标上的体现；课程内容是课程培育核心素养的载体，从有利于核心素养形成的角度进行建构；学业质量是课程培育的核心素养的表现，是核心素养在具体课程内容上的体现；课程实施是课程培育核心素养的路径和保障，从有助于核心素养形成的视角阐述课程实施的要素、过程和条件。

如此，课程标准就不再只有肉体和骨骼，而是有了自己的精神和灵魂，课程标准站立成了一个真正的人！课程标准由此实现了由学科本位向人本位的转型。这是实现整个教育由学科本位向人本位转型的一个"支点"。

（三）新课程标准的结构：内容标准、活动标准、质量标准的三位一体

新课程标准涵盖内容、活动、质量三个维度，用一个公式表示就是：课程标准＝知识内容标准＋教学活动标准＋学业质量标准。这是一个在形式和结构上相对完整的标准。从学习的角度来说，课程标准完整地回答了学习的三个重要问题：学什么、怎么学、学得怎样（学会什么）。从教育的角度来说，课程标准回应了教育的三个核心问题：用什么培养人（教育内容）、怎么培养人（教育活动）、培养到什么程度（教育质量）。从"认知加工的视角"来说，内容是输入端，活动是加工端，质量是输出端。三者构成了相对完整的逻辑体系。值得强调的是，它们不是三个或三类标准，而是一个完整标准的三个维度、三个方面。这三个维度、三个方面的标准不是各自独立、各自为政的，而是相互关联、有机统一的。

1. 突出少而精：知识内容标准及其意义

内容标准解决学生学什么和教师教什么的问题。学生学什么、教师教什么，是教育最重要、最基本的问题。这是国家事权。既然是国家事权，那就得由国家对其进行规范，统一指定学习内容的范围和要求。这就是所谓的内容标准。

知识是课程的内核，知识内容标准是课程标准的主体。之前的教学大纲和课程标准主要就是围绕学科知识内容的选择和组织展开的（被称为内容取向的标准）。课程标准的本体就是知识内容标准，或者说，内容标准是整个课程标准的主干，教学活动和学业质量的相关要求都是依据知识内容标准的。知识内容是教育教学的对象、抓手，是核心素养形成的载体。核心素养不可能凭空形成，只有通过课程知识内容的学习才能形成。所以，知识内容标准是课程的第一维度的标准。

本次课程标准修订究竟在知识内容的选择和组织上有哪些突破和创新？可以说，内容标准的构建实际上是对"什么知识最有价值"这个经典教育学问题的实践回答。从知识进化来看，只有最有价值的知识才有传承的必要，才能在知识进化链上处于更有利的位置；从人的发展来看，个人无法而且也没有必要"遭遇"所有知识，他们只需要最有价值的知识。因此，教育择取最有价值的知识是知识进化和个人发展两方面的需要，也是在人与知识之间建立有效关系的需要。那么，究竟什么知识最有价值？这个问题自从诞生以来就一直被追问，也是课程标准研制和修订首先必须回应的问题。上一次课程标准研制是以"三维目标"为纲回应这个问题的，把一门学科最有价值的知识分为知识与技能、过程与方法、情感态度与价值观三个维度，并围绕这三个维度对学科知识内容进行精选，去除和删减"繁难偏旧"的知识内容。本次课程标准修订则重在强化"核心素养"意识，以核心

素养为纲进行精选，即选择最具有核心素养成分和价值的学科知识内容并进行结构化组织。

发挥课程培育核心素养的内在功能，需要优化课程内容结构体系：一要鲜明、准确地阐述各门课程内容组织的指导思想和结构方式；二要体现以大观念、大主题、大任务等对课程内容的结构化作用；三要落实减负增效，为学生留出更多探究性学习的空间，保护好奇心，激发兴趣，培育创新精神。

强调课程内容的结构化，厘清了核心素养育人目标的突破口。核心素养具有内在性、综合性、情境性等特征，以此为育人目标的新课程在课程内容的组织上增强知识之间的联结，加强综合性与情境性，培养学生在真实情境中解决问题的能力。课程内容的结构化承接了核心素养的育人目标体系，强调基于学科大观念、大任务、大主题等对于学科教学内容进行统整设计，往往借由大单元设计实现，以增强学科知识之间、学科与生活之间、学生与生活之间的联系，既应用于单一学科内又应用于跨学科之间。素养时代课程内容的结构化组织不同于以往以学科知识为中心和以学生经验为中心的结构化组织方式，而是提高站位，坚持素养立意，在坚持学科育人的基础上观照儿童少年的生活经验，从而消解了传统的知识中心和学生中心的对立。当课程育人目标由三维目标走向核心素养时，课程内容的组织方式也随之改变，结构化的组织方式有利于避免在课程设计上陷入碎片化的知识点罗列和堆积。这是对教学大纲时代的突破和超越。

对此，各学科课程标准修订组的共识是"学科大观念"。应该说，大观念是本次课程知识内容选择和组织的一个重大突破和亮点。大观念是一门学科（课程）知识内容体系中最有解释力、统整力和渗透力的知识，这种知识内含学科思想、学科方法、学科思维，它就是核心素养在学科（课程）的体现。虽然在不同课程标准里有不同的叫法，如语文课程标准提出"任务群"，其他课程标准还提出"主题""任务""项目"等，但它们本质上都强调以素养为纲，构建以问题解决为目标，以大主题、大任务、大单元等为形式的教学内容结构单位。例如，大单元强调单元的教学目标要落在素养上，教学内容的设计与学生学习行为的设计要统一，以学生学习行为的设计为主线，以问题或任务为导向，以学习项目为载体，统筹考虑，强调真实情境、真实任务，强调在问题解决过程中渗透学科思维模式和探究模式，凸显学习过程的综合性和实践性，使学生经历完整的"学习单元"，形成结构化、整体性的核心素养。

2. 以育人方式变革为核心：教学活动标准及其意义

课程内容是核心素养形成的载体，教学活动是核心素养形成的路径。核心素养的形成取决于课程内容和教学活动的有机结合。实践中，有些知识具有教育性，有些知识缺少教育性，而事实上知识能否产生教育性，除了知识本身的属性，还取决于教育的方式和方法。能力只有在需要能力的活动中才得以培养，素养只有在需要素养的活动中才得以形成。学习不应只是静坐听讲、死记硬背、刷题考试的过程，更应是实践、行动、体验、感悟的过程。没有个体真实、完整、深刻的活动及体验，相应的素养就无法形成。活动是素养形成的必经路径、程序、过程、环节，所以对"活动"也必须提升到与内容标准一样的高度来对待，即提升到"刚性"和原则性的高度来定位。把各门课程重要的基本的学习活动和经历提升到国家标准的高度来规定，而不是一般性的建议。这就像理科的必做实验一样。

实际上，在新课程标准中，教学活动标准是一个体系，包括教学理念、教学提示、教学建议和教学案例等。首先，教学理念放在课程理念部分，是课程理念中的一条，阐述教学改革的根本方向和价值追求。这是方向性的教学要求。其次，教学提示放在课程内容部分，直接指向具体内容（各个内容单位）。这是操作性的教学要求，为将内容要求转化为学生学习内容、学习活动提供指导，为教材编写、教学设计、教学评价提供参考。教学提示的写作要求是：围绕学生的学习活动经历，整合教学策略、情境素材和学习活动三个方面的建议，其中教学策略建议指出教学设计的要点和需要注意的问题；情境素材建议明确与学习内容密切相关、体现素养发展要求的学习情境素材；学习活动建议指明必要的学习活动经历和过程、基本学习方式（如科学学科的调查、实验、制作，语文学科的查阅资料、调查访问、撰写报告等），将学科思想方法和学生应形成的核心素养融入学习活动。这三个方面内容可以分开写，也可以整合在一起写。再次，教学建议放在课程实施部分，是对一门课程的教学总要求，是这门课程的教学改革核心理念、基本原则和关键策略，是教师进行本课程教学的总纲和准则。

教学活动是有目的、有意识、有指向的活动，规则的确立是至关重要的。本次课程标准修订就是要强化规则意识，从而加强课程标准对教师教学的指导性和约束性，推动和实现基于课程标准的课程实施。在逻辑上，课程解决的是"教什么"的问题，课程内容蕴含着核心素养形成的可能性；教学解决的是"怎么教"的问题，承载着通过课程培育核心素养的现实性。"教什么"和"怎么教"的问题在逻辑、性质、功能上应具有内在的一致性，特定的教学才具有实现课程特定价值的功能。这就意味着，课程标准不但要规定课程内容，还要规定教学活动，对教师的教学活动进行方向引领、精神注入和行动规范，使教师沿着课程标准规定的方向，按照课程标准的基本精神，以特定的方法与过程设计和实施教学，根据课程内容"量身定做"教学活动，从而将课程内容培育核心素养的价值实现出来。通过教学理念、教学提示、教学建议和教学案例等多层次的规定与指导，教学活动标准从"做什么""怎么做""用什么做"等方面为教师提供了适合各门课程的规范性、操作性教学方法与策略，实现"教什么"与"怎么教"的统一、目标与手段的统一，以及过程与结果的统一。

3. 让核心素养可见：学业质量标准及其意义

本次课程标准修订，各门课程都研制了基于核心素养的学业质量标准，增强了课程标准的完整性，提升了标准的约束力。这是新课程标准在形式和结构上的最大突破。之前的教学大纲和课程标准在结构上的最大缺陷就是只有内容标准而无质量标准。就标准的本义而言，质量是所有活动的落脚点，质量标准是最核心的标准。严格来说，没有质量标准就不是真正的标准。教育是有目的的活动，课程内容和教学活动都是指向学生学业质量的。如果学业质量没有标准，那么课程内容和教学活动的标准也没有了归属，实际上就不能算是真正的标准了。

关于质量标准，必须弄明白两个问题：一是质量究竟是什么？这是质量的内涵，即质量观的问题；二是质量标准是什么？这是质量的表现，即质量的水平，它要解决质量的可视化、可测化的问题。

学业质量是学生在完成一门课程的阶段性学习后的学业成就表现，实际上就是学生在学完相应的课程内容后所发生的变化和收获。在"双基"时代，关注的是基础知识和基本技能的掌握情况。在"三维目标"时代，人们关注的是三维知识即内容性知识、方法性知识、价值性知识的落实情况。在"核心素养"时代，我们关注的是核心素养的形成情况，即通过一定阶段的课程内容学习，学生是否形成了相应的核心素养。换言之，核心素养成了学业质量的内核。这是质量观的重大变化。确立基于核心素养的质量观是本次学业质量标准研制的认识和思想基础。学业质量标准以课程培育的核心素养及其表现水平为主要维度，结合课程内容，对学生学业成就表现进行刻画和描述，用以反映课程目标的达成度。

二、义务教育新课程修订的要点

(一) 搭建新目标：强调由"三维目标"走向"核心素养"

自 2001 年新课程实施以来，我国基础教育课程改革历经 20 余年，其重要演进之一便是在目标层面实现了从"双基"到"三维目标"再到"核心素养"的迭代，在思维范式层面实现了从"教育——教学"走向"课程——教学"，从应然的"教师应该教什么"转向实然的"学生能够学会什么"，凸显了学生立场。然而，即便自 2001 年起，我国基础教育课程改革开始由教学大纲时代走向课程标准时代，新建构的"三维目标"强调学生立场，但受限于教学大纲时代以及"教育——教学"思维范式的影响，实践层面的教师教学仍然沦为零散的知识点教学，"三维目标"由此被切割为"三条目标"，如知识目标一条、过程目标一条、情感目标一条，育人成效甚微。2014 年，教育部颁发《关于全面深化课程改革落实立德树人根本任务的意见》，核心素养成为深化课程改革在育人目标层面的重要抓手；2017 年，教育部颁发了普通高中课程方案和各学科课程标准，提出"学科核心素养"的概念，明确学科核心素养是指该课程独特的、关键的、共同的育人价值；2019 年，义务教育阶段课程方案和课程标准启动修订，同样以核心素养为重要指引，历经三年，最终于 2022 年印发，学校课程有了更加明确的新目标指引。

新方案建构了核心素养导向的"目标一族"，强调核心素养是学生在面对不确定的未来时实现个体发展和社会进步所需的正确价值观、必备品格和关键能力，上承党和国家的教育方针与"有理想、有本领、有担当"的培养目标，下接每门课程确定的"目标一族"，即课程/学段目标、学业质量与内容要求，共同勾画了课程在每个层级的"育人"要求。在以核心素养为指引的"目标一族"中，课程/学段目标属于"求乎其上"，凸显终极性，意指某门课程所培育的核心素养的目标化表述，代表着该课程所应承载的预期育人价值和终极目标。学业质量属于"得乎其中"，代表课程/学段目标的达成程度，观照结果性，指学生完成阶段性课程学习之后的学业成就总体表现，对考试命题、教材编写等具有重要的指引作用。内容要求属于"即教即得"，强调过程性，指立足每门课程具体内容与知识点所描述的预期学习结果，并从核心素养的高度明确每个知识点的学业要求，凸显全程育人。由此，新方案所建构的新目标以教育方针为"魂"，以核心素养为"纲"，由"培养目标——课程标准——教学目标"构成了层级化的"树人"体系，类似从想得到的美丽、看得见的风景到走得到的景点；由"课程目标——内容标准——学业质量"构成了核心素养导向的"目标一族"，规范与引导教学与评价的展开，超越了"三维目标"，为新课程的整体推进和实施提供了方向性指引。

(二) 建构新内容：强调由"零散知识点"走向"课程内容结构化"

有什么样的课程目标，就有什么样的课程内容，核心素养导向的目标体系对建构课程内容提出了新要求。新方案强调，加强课程综合，注重关联；要基于核心素养要求，遴选重要观念、主题内容和基础知识技能，精选、设计课程内容，优化内容组织形式等，这就要求新内容必须由"零散知识点"走向"课程内容结构化"。何为课程内容？历史地看，在教育发展史中主要存在两方争论。一方认为课程内容的本质是学科知识，主张依照学科逻辑对相关学科知识进行预先组织后传授给学生，强调"预成——教授"；一方认为课程内容的本质是活动经验，主张依照心理逻辑鼓励学生通过自主活动生成相关经验，强调"内发——建构"。两方争论在促进教育发展的同时，也使得课程改革陷入了"钟摆"困境：前者易忽视学生的学习兴趣，丧失学生立场；后者易导致相关学习毫无系统，影响知识积累。因此，在课程内容的理解与组织上迫切需要寻求"第三条道路"。在我国课程改革的历史进程中，由于受到"教学大纲"时代的"教育——教学"思维范式的长期影响，在内容组织上学生立场受到忽视，依托于零散知识点的碎片化学习一度成为课堂主流。21世纪以来，信息社会加速发展，知识呈现出爆炸性增长的态势，加强知识之间的有意义关联成为课程改革的时代之需。

新目标指引下的新内容强调课程内容的结构化组织，强调课程内容的本质既不是学科知识，也不是活动经验，而是学生的学习经验。这些经验既包括知道什么，也包括知道为什么和怎么做，这就在内容组织上既关照了相关的知识内容，又关照了学生的学习过程，统整了学科逻辑与心理逻辑，达成了从"一端"到"中道"的素养导向的变革之路。新方案建议的实现课程内容结构化的抓手包括开展大单元教学、进行课程的综合化实施、跨学科主题学习、项目式学习等，其在教学设计层面的重要一环便在于系统把握大观念、大任务、大问题等统摄中心，凸显新方案的综合性旨趣。具体来看，在新方案的引领下，课程内容的结构化组织可划分为三种路径：结合真实活动的横向整合；强调以学生前备知识为基点纵向归纳建构；强调以学科概念为基点纵向演绎建构。具体地说，一是结合真实活动的横向整合，着重体现横向结构化的"综合"逻辑，强调以真实情境中的复杂问题或产品项目为载体，以"合儿童"的方式整合不同学科的知识。依照此逻辑，新方案系统建构了学科内知识整合学习、跨学科主题学习和综合课程学习三种方式，尤其强调"原则上，各门课程用不少于10%的课时设计跨学科主题学习"。二是强调以学生前备知识为基点纵向归纳建构，着重体现纵向结构化的"归纳"逻辑，强调基于学生已有的知识结构设计进阶型课程内容，以实现学习进阶，如不同课程标准中在内容规划上均注重相关知识的螺旋式设计。三是强调以学科概念为基点纵向演绎建构，着重体现纵向结构化的"演绎"逻辑，强调由包摄性较强的大观念、核心概念等为锚点，以内容"少而精"驱动学生学习过程中建构推演，进而实现"少即是多"的学习目的。当然，三种路径并不是对立的，在具体实践中往往需要进一步整合实施。例如，在进行跨学科主题学习的设计时，其结构化组织方式往往是"横纵交叉"的，教师在设计时应选择上述归纳建构或演绎建构的一种，同时以主题为抓手，借由真实情境中的探究活动设计实施。又如，在实施科学跨学科主题学习时，以跨学科概念（观念）"能量"为出发点，设计主题为"感受生活中的能量"，演绎建构声能、电能、光能、热能等，并借助信息技术工具进行观察和记录。

(三)催生新教学：强调由"教学内容变革"走向"学习方式变革"

在新方案的引领下，如果将课程内容的本质理解为有组织的学习经验，那么教学层面就要相应进行深入改革，以帮助学生在此过程中实现相关学习经验的自我建构和社会建构。由此，建构新教学成为此次新方案修订的另一要点，突出了由"教学内容变革"走向"学习方式变革"。历史地看，一部教育发展史就是一部内容变革史，主要历经前内容时期原始学校的朴素学习；内容时期制度化的分班分级分科而教，强调教学内容的设计和开发；再到后内容时期着重将学习方式变革的理念嵌入到课程改革的场域之中。由于过往课程改革的过程中，专家设计的"内容"变革"容易走得很快"，而需要教师落实的学生学习方式变革却步履维艰，"两张皮"的顽症在课程实施中尤为明显。在以核心素养为指引的后内容时期，人们愈加认识到学校课程变革不只是"教什么"的内容问题，也是必须重视与内容匹配的"怎么学"的方式问题，这也使得此次新方案修订尤为强调以育人为导向的学习方式变革。

新方案在"推进教学改革"中强调"坚持素养导向，强化学科实践，推进综合学习，落实因材施教"。其中，学科实践与综合学习集中体现了此次新方案修订的综合性与实践性的精神，是推进新教学的重要抓手。新课程中的学科实践即具有学科意蕴的典型实践，倡导学生"像学科专家一样思考与行动"，是指运用相关学科的概念、思想与工具，解决真实情境中问题的一套典型做法。学科实践秉承知行合一的理念，既要求依据学科本质、课程标准倡导的相关理念精选相关活动，突出学科典型性；又要精心设计、实施、评估与反思"动手做"的探究过程，突出实践深刻性，迭代升级了无关学科立场的"自主、合作、探究"，是学科性与实践性的深度整合。此次各学科所建构的学科实践是承载育人方式变革的新教学的一大亮点，成为撬动核心素养时代学习革命的重要表征，包括语文的任务驱动学习（语文实践）、数学的综合与实践、英语的跨文化交流、历史的史料实证、科学的探究实践以及地理实践、艺术实践等。新课程中的综合学习则意在强调"联结"引领下的学习方式变革，倡导建构知识与知识、知识与生活、知识与自我的"联结"，实现全联结学习，新方案倡导在所有学科中都开展综合学习，并建构了前述提及的学科内知识整合学习、跨学科主题学习和综合课程的学习三种路径，成为系统变革学校教学实践的另一重要理念。

(四)倡导新评价：强调由"育分导向"走向"育人导向"

在核心素养目标体系的引领之下，对标新内容与新教学的新评价变得至关重要。不同于传统的"教育——教学"思维范式，课程思维范式凸显目标引领下的学校课程的系统变革，不仅强调实然状态下的可教可学，还强调评价层面的可测可评，为学生的学习过程提供支架。回顾教育评价的演进发展，其主要经历了"取向之变"与"主体之变"，前者强调由关注甄别选拔的结果性取向到关注学生学习过程的形成性取向，后者强调由教师的权威控制到多元主体的协商建构与共同参与，由此催生了课堂评价由"关于学习的评价"到"为了学习的评价"与"作为学习的评价"的范式转型。

此次新方案修订的另一亮点便是摒弃评价的"育分导向"，倡导"育人导向"的新评价。新方案强调：全面改进教育评价，更新评价观念、创新评价方法、提升考试评价质量等。具体来看，主要建构了以下三条路径：第一，变革纸笔考试。纸笔考试作为重要的评价方法应是指向核心素养的，而不应囿限于双向细目表的具体知识点考查。素养强调学生于真实情境中解决问题的能力，因而在纸笔考试中加强情境创设，关注问题解决就变得尤为重要，切忌将纸笔考试与记背训练相等同，极力推进"无情境，不命题"。第二，推进表现性评价。表现性评价以核心素养导向的表现目标、真实情境的表现任务、相应的评价量规为三要素，整合了教学过程、学习过程与评价过程，统整了总结性评价与形成性评价，并嵌入学生自我评价等，以学生真实表现中的"典型"特征作为核心素养培育的重要依托，是新评价的重要抓手，努力做到"无典型，不打分"。第三，探索技术赋能评价。注重信息技术、人工智能与评价的整合，加强过程数据的收集，将多维视角的评价数据收集转变为支撑学生核心素养培育过程的"证据"。同时，通过技术手段促使评价扩展到以前认为是"难以测量的"素养，进而完善新评价体系，着力探索"无过程，不评价"。

总之，义务教育新课程建构了核心素养导向的新目标、新内容、新教学与新评价，为新时代深化课程改革提出了纲领性的要求，为党育人、为国育才绘就了崭新的蓝图，也为建设"教育强国"提供了重要支撑。

第二节 义务教育新课程语文标准变化及核心

一、语文课程内容选择与组织的基本原则

(一) 坚持语文课程"以文化人"的价值取向

"以文化人"是语文课程育人功能的集中体现，基于核心素养的基础教育课程改革，

为语文课程在立德树人方面提出新要求、创设新契机，也带来新挑战。《新课标》在课程理念的第一条就提出"立足学生核心素养的发展，充分发挥语文课程育人功能"。在课程总目标的前两条也提出"培养爱国主义、集体主义、社会主义思想道德，逐步形成正确的世界观、人生观、价值观""认识中华文化的丰厚博大，汲取智慧，弘扬社会主义先进文化、革命文化、中华优秀传统文化，建立文化自信"。新修订的课程内容积极渗透课程理念，全面对接课程目标，以中华文化为核心内容，大力传承和弘扬中华优秀传统文化、革命文化和社会主义先进文化，将文化维度作为践行立德树人使命的关键抓手，在语文课程中回答"为谁培养人""培养什么人""怎么培养人"的问题，充分彰显语文课程"以文化人"的独特优势，力求实现"培根铸魂""启智增慧"的育人功效。

（二）加强义务教育阶段语文课程的基础性

回望语文课程改革的历程，其中隐含着"双基""三维"到"核心素养"的课程目标位移轨迹。素养立意的课程内容既要体现对"双基""三维"的目标整合，又要融入新时代育人理念和人才培养诉求，优化和重组内在逻辑结构，促进"培养全面发展的人"这一终极目标的达成。因此，以核心素养为纲来选择和组织语文课程内容，仍然非常关注语文学科基础知识和基本技能，语文学习过程和方法、读写策略和思维品质，以及情感态度与价值观等课程要素，依托语文学习任务群对其进行情境化包装、活动化呈现，更加符合义务教育阶段学生语文学习实际。课程内容在学习主题、表征方式等方面，都密切关注义务教育阶段与普通高中阶段的区别和联系，力求突出义务教育语文课程的奠基作用。注重引导学生在识字与写字、阅读与鉴赏、表达与交流、梳理与探究等多样的语文实践活动中，习得基本的语文学习方法，养成良好的语文学习习惯，建构丰富的语文学习经验，尤其要比较全面地掌握适应社会生活和终身发展需要的语文学科核心知识和关键能力。

（三）促进语文课程内容结构的深度变革

语文课程内容的结构方式曾经出现过学科知识为纲、文本类型为纲、能力训练为纲等多种类型，它们在语文课程改革特定历史时期发挥过积极作用。但是，由于过去对语文课程内容的研究和认知不够深入，追求课程内容的表层式线性排列，导致课堂教学内容转化出现机械和僵化状态。《新课标》运用语文学习任务群建构"结构化"的课程内容，统整学科知识、文本类型、能力训练，嵌入真实的语文学习情境，融入典型的语文实践活动，引导学生获得沉浸式、过程性的语文学习体验，试图赋予"结构化"更为深层的内涵。在课程内容的具体建构过程中，坚守育人导向，坚持继承创新，突出学科特性；遵循义务教育阶段学生的成长规律和语文学习规律，以丰富的社会生活为基础，以语文实践活动为线索，以学习任务为载体，整合学习活动、学习情境、学习内容、学习方法、学习资源和学习评价等多种要素，设置六个学习任务群促进语文课程内容深度变革。

二、语文课程内容的主题领域和表征路径

为了体现义务教育阶段语文课程的特点，《新课标》对语文核心素养四个方面做了微调，表述为"语言运用""思维能力""审美创造""文化自信"。为了保证核心素养落地落实，《新课标》在参照语文课程目标的基础上，设置"语言文字积累与梳理""实用性阅读与交流""文学阅读与创意表达""思辨性阅读与表达""整本书阅读""跨学科学习"六个学习任务群，建构了语文课程内容结构体系。在课程内容的主题范畴、载体形式、内容组织和呈现方式等方面都作出明确表述。

(一)融合丰富的学习主题和载体形式

为了突出语文课程"以文化人"的价值取向，课程内容将主题范畴聚焦中华优秀传统文化、革命文化和社会主义先进文化，突出"三种文化"的核心地位。依据 2021 年教育部印发的《中华优秀传统文化进中小学课程教材指南》《革命传统进中小学课程教材指南》《习近平新时代中国特色社会主义思想进课程教材指南》，对"三种文化"在语文课程中的内容要旨和主要载体都做了详细阐释。比如"中华优秀传统文化"注重弘扬讲仁爱、重民本、守诚信、崇正义、尚和合、求大同等核心思想理念；弘扬有利于促进社会和谐、鼓励向上向善的中华人文精神；弘扬自强不息、敬业乐群、扶危济困、见义勇为、孝老爱亲等中华传统美德，主要载体确定为"汉字、书法，成语、格言警句，神话传说、寓言故事、历史故事、民间故事、中华民族团结一家亲的故事，古代诗词、古代散文、古典小说，古代文化常识、传统节日、风俗习惯"等。同时，《新课标》也倡导在聚焦中华文化的同时，选择反映世界文明优秀成果、科技进步、日常生活特别是儿童少年生活等方面的内容主题，建议依托"外国文学名著、科普科幻作品、实用性文章、中外优秀儿童少年文学作品等"开展学习活动。这些阐释指引了语文课程实施的正确方向，提示了可以选择和整合的学习主题和内容，体现了语文课程内容的时代性、综合性和开放性。

(二)采用适宜的组织形态和呈现方式

课程内容设置的六个学习任务群按照九年一贯整体设计。每个任务群贯串四个学段，螺旋发展，体现学段特征，坚持阶段性、层次性与整体性的统一；突出义务教育阶段的基

础性，又与高中阶段相衔接。课程目标以四种语文实践活动为主线，分条描述每个学段之下通过识字与写字、阅读与鉴赏、表达与交流、梳理与探究需要达成的具体目标。课程内容与课程目标紧密呼应，以学习任务群为主线，分条描述每个学习任务群之下四个学段具体的"学习内容"，根据学段特点提供相应的"教学提示"，将四种语文实践活动融入学习内容和教学提示。比如"语言文字积累与梳理"学习任务群在第四学段描述了三条"学习内容"：在语言运用情境中，发现、感受和表现语言文字的魅力；梳理学过的语言现象，欣赏优秀作品的语言表达技巧，初步探究语言文字的运用规律；在小学阶段语文学习的基础上，继续丰富自己的积累。基于学生年龄特点和认知规律，提出"选择适宜的学习主题，创设学习情境""重视识字写字教学""随文学习语音、文字、词汇、语法、修辞等知识"等教学提示。同时，为了呼应学业质量标准第四学段水平描述，专门在"教学提示"中强调了识字写字评价要注重学生在具体语言环境中独立识字和运用汉字的能力。课程目标指向"学生需要达到什么程度"，课程内容指向"学生通过学习什么才能达到那个程度"，而学业质量标准则指向"怎样才能知道学生达到了那个程度"。课程内容的组织形态和呈现方式体现了三者之间的呼应性和一致性。

三、语文课程内容的层级关系和教学指向

（一）把握学习任务群的层级类型和内在关系

《新课标》设置的六个学习任务群基本覆盖了历来语文课程所包含的古今实用类、文学类、论述类等语篇类型，关注语言文字运用的新现象和跨媒介运用的新特点，融合问题导向、自主合作、个性化与创造性等学习因素。它们与语文核心素养四个方面存在多重对应关系。每个学习任务群具有特定育人功能，在发展学生语文核心素养的不同方面又各有侧重。《新课标》将课程内容下属的六个学习任务群做了类型划分。第一层包含"语言文字积累与梳理"1个基础型学习任务群；第二层包含"实用性阅读与交流""文学阅读与创意表达""思辨性阅读与表达"3个发展型学习任务群；第三层包含"整本书阅读""跨学科学习"2个拓展型学习任务群。这种类型划分更为突出语言文字在语文课程内容中的奠基作用，明确区分了满足日常生活的阅读、基于审美鉴赏的阅读，以及提升思维能力的阅读在课程内容中的不同指向，同时也强调了整本书阅读、跨学科学习的综合历练功能。

从内在关系来看，六个学习任务群各自独立但又交叉渗透，在教学中可以相互对接或者延伸，追求学生在知识技能、思想情感和文化修养等多方面、多层次发展的综合效应，

追求课程内容、学生生活、语文实践之间的协调融通，充分体现语文课程的综合性、实践性。教师在教学过程中要关注不同学习任务群之间的内在联系，以及同一学习任务群在不同学段的连续性和差异性；关注不同地区学校和学生的差异，合理安排学习内容，把握学习难度，统筹设计和组织学习活动。需要说明的是，六个学习任务群并不是义务教育阶段语文课程的全部内容，《新课标》设置六个学习任务群意在突出课程内容的典型性，通过精选典型的学习内容，引导学生经历典型的学习过程，掌握典型的学习方法和策略，获得典型的实践经验和情感体验。教师可以根据本校实际情况，创造性地组合、重构适宜的语文学习任务群，满足学生核心素养发展需求。同时，根据学生学习现状及时提供支持和反馈，引导学生在完成任务、解决问题的过程中积累语文学习经验，发展未来学习、工作和生活所需的基本素养。

(二)理解学习任务群的内容重心和教学要点

《新课标》设置的六个学习任务群力求在名称表述和内容设置方面也专门为义务教育语文课程量身打造。从名称表述来看，"实用性阅读与交流""思辨性阅读与表达"与高中语文课程相同，"语言文字积累与梳理""文学阅读与创意表达""整本书阅读"略微调整，而"跨学科学习"则是义务教育语文课程独有的学习任务群。从内容设置来看，"语言文字积累与梳理"侧重引导学生积累语言材料和语言经验，探究汉字构字组词特点，掌握语言文字运用规范，感受汉字的文化内涵。教学过程中要注重引导学生通过多样的积累和梳理活动夯实语文基础。"实用性阅读与交流"侧重引导学生搜集有价值的信息，在具体交际语境中，根据特定交流对象有效传递和表达观点，满足不同生活场景中的交流沟通需要。教学过程中要理解这里的"实用"主要指阅读的实用功能，既包括指向实用性文本的阅读活动，也包括以实用为目的的表达交流活动。"文学阅读与创意表达"侧重引导学生通过阅读多样的文学作品感受其独特魅力，自主积累文学阅读经验；把握文学作品的基本特点，学会鉴赏文学作品；珍视个性感受和审美体验，学习创造性地表达文学读写成果。教学过程中要理解"创意表达"既包括学生运用多种形式、多种媒介呈现个性化的作品内容，更强调学生在写作中表现出来的创新思维。

"思辨性阅读与表达"侧重引导学生梳理观点、事实与材料及其关系；保持好奇心和求知欲，养成勤学好问的习惯；学会负责任、有中心、有条理、重证据地表达。教学过程中要理解这里的"思辨"并不只是与论述类文本阅读活动相对应，它可以发生在师生阅读任何文类的思维碰撞过程中。整本书阅读侧重引导学生自主选择阅读书目并做好统筹规划；积极探索适合自己的个性化阅读方法；积累整本书阅读经验，并学会迁移运用。教学过程中要注意该任务群在名称上没有明确提"研讨"，但在阅读过程中仍然需要组织学生开展适量的交流研讨和经验分享活动。"跨学科学习"侧重引导学生借助其他学科搭建学习平台，拓宽语文学习和运用领域；综合运用多学科知识发现问题、分析问题、解决问题，提高语言文字运用能力；参与不同场域的文化活动，获得多样的文化体验。教学过程中要注意"跨学科"其实包含一个前提，即坚守语文学科本位，探寻恰当的"跨点"，把握适宜的"跨度"，着眼于学生语文核心素养提升。整体而言，基于语文学习任务群开展教学，需要围绕学习主题创设真实的语文学习情境，运用多样的语文实践活动来引导学生形成正确的价值观念、必备品格和关键能力。

最理想的语文课程改革应该实现"四化"，即课程目标内容化、课程内容教材化、教材内容教学化、教学内容可接受化。由于历史痼疾和现实因素的影响，每一次课程改革都在向"四化"努力，但总是存在一定的距离。运用语文学习任务群建构义务教育语文课程内容，是新时代核心素养语境下课程标准修订工作组一次创造性尝试。不能说学习任务群是优化语文课程内容体系的唯一路径，但至少在一定程度上推动语文课程内容完成了从无到有的生成与蜕变。任何课程改革都是一个过程，一切都要靠实践来检验。呼吁语文教育教学研究者根据《新课标》积极开展实践探索，及时总结和梳理全国各地的宝贵经验，为今后修订和完善语文课程标准提供本土化的实证参照。

◇◇◇ 第二章 初中语文课程核心素养解读

第一节 核心素养概述

一、核心素养和学科核心素养

(一) 核心素养基础

"素养"一般指平日的修养。从广义上讲，它包括道德品质、言行举止、知识水平与能力才干等各个方面。而"核心素养"特指那些关键的、不可或缺的品质、能力及精神面貌。当下，所说的核心素养，还需要考虑时代的需求与现代学生的特点。就教育领域而言，核心素养是指学生在接受相应学段的教育过程中，逐步形成的适应个人终身发展和社会发展需要的必备品格和关键能力。具体包括以下五个方面：

1. 信息素养

信息素养是网络时代的基本能力，即对信息的获取、加工、利用、创造等。在信息爆炸的今天，要重视对信息的选择、加工与交流，尤其要培养利用网络进行学习的意识。

2. 思维素养

年轻人要掌握三种主要的思维能力。①逻辑思维能力。逻辑思维是科学思维和批判思维的基础，它强调严格的推理和论证。②形象思维能力。这是非逻辑思维的一种，类似的还有直觉思维、灵感和顿悟等。这种思维能力虽然不像逻辑思维那样严谨，但容易激发创意。③创新思维能力。创新思维是逻辑思维与非逻辑思维的有机组合。一般在创意的萌芽阶段，多采用非逻辑思维；在创意的完善阶段，应采用逻辑思维。创新思维有助于打破心智枷锁，获得突破性解决方案。

3. 人文素养

未来的社会一定是向着更加文明的方向发展，教育的目标就是要培养现代公民。而其中民主与法治意识、人人平等意识、正义感等素养尤为重要，当然还应包括诚信、友善等基本素养。

4. 专业素养

专业素养主要指人人都应该有一技之长，这与社会分工有关。未来的社会分工只会越来越细，因而也越来越强调分工与协作。因此，每个人都应该是独特的人，都有自己的一技之长。各种专长的人有机组合在一起，才能完成各种复杂的任务。

5. 身心素养

健康的身体、积极的心态、平和的情感对现代人尤为重要，这一素养直接影响到一个人一生的成败。

（二）从核心素养到学科核心素养

学科核心素养指的是学科需要学生掌握的基础知识、基本技能与基本事实，以及需要掌握的学科思想、学科研究方法，包括原先提出的三维目标——"知识与技能""过程与方法""情感、态度与价值观"。近年来，作为核心素养的载体与体现，学科核心素养逐渐引起学界的关注。当前，我国学生核心素养体系基本形成，将它落实到教育教学过程中则需要各个学科根据核心素养体系和本学科特点，提炼学科核心素养，并把它贯彻到学科教学当中。只有深入了解学科核心素养，才能准确理解基于核心素养的新课程改革，为即将全面实施的新课程标准及其教学提供充分的准备。

学科核心素养既是一门学科对人的核心素养发展的独特贡献，又是一门学科特有的教育价值在学生身上的体现和落实，是学科本质观和学科教育价值观的反映。

从基础能力的角度来理解学科核心素养，其重点是强调核心素养的基础定位。从这个意义上说，学科核心素养应该与该学科的基础性学习密切关联，即从一个学科最基本的教学内容中，落实对学习者的素质培育和人格培养。所以，素养关注的不应该是以题海战术为基础所形成的应试经验，更不是"两耳不闻窗外事"的回避与逍遥。学科核心素养与学生的成长历程、学科的教学推进，都有着密不可分的联系，它关注的正是学生通过学科学习可以得到培育和塑造的素质和能力。从这个角度来说，学科核心素养的培育过程，就是一个学习者通过学习实现成长的过程。在这个过程中，首先关心的是要将学习者培养成什么样的人，而不仅仅是关心他们记住了多少已经固化的条目。这种目标的设计，应该是基础性的，面向学习者成长的全过程，可以在较长的时间内对其持续产生影响。

从独特贡献的角度来理解学科核心素养，其重点是强调核心素养的学科意义。核心素养体系繁杂，教育课程门类繁多，如何将这么多素养，通过这么多课程，整合到学生身上，成为一种具有整体性的学生素养表现？有的研究者就曾经提出这样的担心：每个学科都要有自己的核心素养，汇总到学生那里，会不会成为负担？这是在理解学科核心素养与核心素养关系时必须面对的一个重要问题。学科核心素养如何才能做到既能体现学科价值，又不增加学生的负担？最根本的方法，就是各个学科必须从自己的特性中提取本学科对于学生核心素养培育最有价值的东西，将这些东西作为本学科的核心素养，并落实到教育教学中，发挥其他学科不可替代的独特贡献。从这个意义上说，学科核心素养突出的应该是学科价值的个性与学生专业成长的综合性、整体性的有机结合，是该学科对于学生成长的意义和价值所在。

从素养的角度来说，核心素养与学科核心素养是相辅相成的。学科核心素养是核心素养的基础性作用在学科意义上的呈现。从学科的角度来说，学科核心素养是核心素养的育人功能与学科价值的有机结合，是该学科实现立德树人根本任务的价值所在。学科核心素养的培育，离不开学科的沃土，也不能抛弃基础性的育人价值。

二、培养学科核心素养的缘由

中共中央、国务院印发的《中国教育现代化 2035》提出了教育现代化的八大理念"更加注重以德为先，更加注重全面发展，更加注重面向人人，更加注重终身学习，更加注重因材施教，更加注重知行合一，更加注重融合发展，更加注重共建共享"，并指出"要发展中国特色世界先进水平的优质教育，完善教育质量标准体系，制定覆盖全学段、体现世界先进水平、符合不同层次教育特点的教育质量标准，明确学生发展核心素养要求"。

随着世界多极化、经济全球化、文化多样化、社会信息化的深入发展，各国都在研究"21 世纪的学生应具备哪些核心素养才能较好地适应未来社会"这一前瞻性战略问题。今天，"知识本位时代"的光环逐渐被"核心素养时代"所取代，教育教学的任务不再是单纯地"灌输"知识，而是给学生发展提供"核心素养"，需要从每一所学校做起，从每一个班级做起，从每一位教师做起，从每一位学生做起，从每一门学科做起。

学科核心素养的提出，是教育领域为了培养学生社会主义核心价值观的一个重要举措。有必要把培养学生的学科核心素养放到当今时代发展的大背景中去探索。

第一，培养学生的学科核心素养是全面贯彻党的教育方针、落实立德树人根本任务的迫切需要。若要把宏观的教育目标落实到教育教学过程中，就需要将它们进一步具体化和系统化，转化为学生应该具备的、适应终身发展和社会发展需求的核心素养，进而贯穿各个学段，融合到各个学科，最后体现在学生身上。

随着时代变迁和社会发展，德智体美劳全面发展的内涵也在发生变化，而更加准确地理解和解读党的教育方针，迫切需要结合我国当前国情和当今时代特点，根据学生的成长规律和社会对人才的需求，把对学生全面发展这一教育目标细化，构建一套科学的、有中国特色的学生核心素养体系，从而更好地回答"为什么要培养人""培养什么样人""如何培养人"的问题。

第二，培养学生学科核心素养是课程标准的内在要求。课程是学校教育的基础，课程标准是指导学校教育的基本准则。学生发展核心素养的建构旨在推动教育教学改革，实现这一目标首先需要将核心素养纳入并深化到课程改革的过程中去，尤其是融入新修订的课程标准中。

三、培养学科核心素养的途径

（一）学科核心素养培养的有效教学

核心素养是跨学科素养，任何核心素养的培养都不是一门单独的学科可以完成的。任何学科都有其对于核心素养发展的共性贡献与个性贡献。学科的育人价值主要在于对特定核心素养的贡献，这是需要不断明晰化的过程。只有明晰本学科在特定核心素养形成和提升上的教育意义，揭示学科与核心素养的内在关联，才能发现学科独特的育人价值。

在教学过程中培养学科核心素养有什么规律？应持这样的理念：学习时间完全由学生自己决定，学习内容完全由学生自己选择，给学生寻找适合的教育机遇，给学生更多的选择。

从教学理念的更新来看，基于学科核心素养的教学需要教师更新教育观，也需要学生更新学习观。基于学科核心素养的教学过程，其关注的焦点，由知识、能力、情感、态度、价值观转向了素养。教学活动不再是单纯的"知识传输——能力培养——情感、态度、价值观升华"的过程，而变成了师生互动、教学相长的过程。在这个过程中，教师的"教"不再局限于给予学生完整的知识体系，而应体现为对于学生核心素养的培育与关切；学生的"学"也不仅仅局限于再现和理解教师教授的知识，而主要体现为通过参与课堂呈现素养提升。以这一理念为指导的教学过程，就不再是单向性的，而是综合性的，是教与学的综合，也是基于学科核心素养的综合。充分发挥教师的主导作用，让学生的主体地位进一步彰显，让他们在主动参与的过程中充分发挥优势，才能真正实现素养的提升。

从教学方法的探索来说，基于学科核心素养的教学追求更为灵活、开放的改进探索。

近年来，慕课、微课、翻转课堂等教学新形态在各地风生水起、势头强劲。这些新形式对于学生的学科核心素养培育进行了很好的探索，值得肯定。但基于当下各方面条件的限制，一些行之有效的新教法、新学法还不能得到广泛的运用。一些地方不顾自己的实际情况，盲目照搬别人的"模式"，也产生了一些不太理想的结果。

（二）从学科知识到学科核心素养的有效转化

无论是传递知识、开拓思维、组织活动，还是互动交流，教师在设计和组织教学时要将传统的"以知识点为核心"的教学观念，转变为"以核心素养为导向"的教学。具体而言，需要体现以下三个着力点：

第一，由"抽象知识"转向"具体情境"，注重营造学习情境的真实性。经济合作与发展组织（OECD）在"素养的界定与遴选"项目中指出，核心素养着力解决的是提高学生面对复杂情境下的问题解决能力，使之能够适应飞速发展的信息时代和复杂多变的未来社会。传统教学以学科知识点为核心，传授的知识往往过于抽象，难以形成解决实际问题的能力。真实世界中的问题情境往往更加复杂多元，教学中教师需要注意把抽象问题与真实情境相结合，为学生创设能够利用所学知识解决真实问题的机会。

第二，由"知识中心"转向"能力（素养）中心"，培养学生形成高于学科知识的学科素养。学科知识在学生学习和成长当中扮演着重要角色。通过学习学科知识，学生的智能、品德、价值观都打上了学科的烙印，这个过程就是学科素养形成的过程。然而，目前过于强调学科知识的教学，弱化了由知识转化为学科素养和能力的过程。要扭转知识本位的思想，就一定要在把知识转化、内化和升华为能力与素养上下足功夫。每个学科对学生的发展价值，除了一个领域的知识以外，应该能够提供一种唯有在这个学科的学习中才可能获得的经历和体验，提供独特的学科美的发现、欣赏和表达能力。所以，教师需要确立"通过知识获得教育"而不是"为了知识的教育"的教育思想。学科学习的最终目的应该是形成高于学科知识的学科素养。

第三，由"教师中心"转向"学生中心"，促进学生主动学习和合作学习的意识与能力。提高学生学习的主动性就是要把教学中心由"教"转向"学"。教师的重要作用应体现在激发学生的学习兴趣、引导学生自主学习和培养学生合作学习意识，从而达到教育的最终目标——培养学生具有终身学习的能力。开展"以学生自主活动为主"的课堂教学，不仅要求教师让学生独立自主地进行探究，更重要的是要求教师以学生学习为主线，关注学生问题生成、实践、操作、思维转化、问题解决的全过程，指导并促进他们由浅入深、由表及里地进行学习探索，进而形成独立思考、实践和学习能力，而不仅仅是放手让学生自学。

（三）构建基于学科核心素养的学业质量标准

学业质量标准主要界定学生经过一段时间教育后应该或必须达到的基本能力水平和程度要求，是学生核心素养在具体学段和具体学科中的体现。如何基于学科核心素养设置教育质量评估的目标、内容和手段，是各国际组织、国家和地区落实与推进核心素养培养的重要方式。

我国现行课程标准主要是对课程内容的界定。虽然从"知识和能力""过程和方法""情感、态度和价值观"三个角度对课程进行了说明，但主要对学什么、学多少讲得比较详细，大部分学科对学到什么程度的要求不明确，难以量化、分级，缺乏明确、具体的能力表现标准，导致各地、各校评判教育质量的标准不一致。建立基于学科核心素养的学业质量标准，将学习内容要求和质量要求有机结合在一起，完善现行课程标准，将有助于解决上述问题。

第二节　初中语文课程核心素养的四个方面

2022 年版新课标指出："义务教育语文课程培养的核心素养，是学生在积极的语文实践活动中积累、建构并在真实的语言运用情境中表现出来的，是文化自信和语言运用、思维能力、审美创造的综合体现。"因此，语文课程核心素养分为四个方面，即"文化自信""语言运用""思维能力""审美创造"。在初中教学过程中语文学科核心素养的四个方面是有机联系、密不可分的。

一、文化自信是根本

新课标指出："文化自信是指学生认同中华文化，对中华文化的生命力有坚定信心。通过语文学习，热爱国家通用语言文字，热爱中华文化，继承和弘扬中华优秀传统文化、革命文化、社会主义先进文化，关注和参与当代文化生活，初步了解和借鉴人类文明优秀成果，具有比较开阔的文化视野和一定的文化底蕴。"

语文核心素养的核心就是文化自信。一个民族生生不息的强大动力就是这个民族人民的优秀素质。人民优秀素质的源泉就是这个民族灿烂的文化。中华民族有着五千年的文化传承，中国社会发展到今天，就是这璀璨文化的浸润。任何课程都含有文化，都是文化的载体，而语文课程无疑是最好的阵地、最佳的路径。只有语文教学能再现秦砖汉瓦的神奇,诗词曲赋的瑰丽,让学生在审美的愉悦中找到文化自信,为身为炎黄子孙而骄傲。在教学中,教师可以结合中国古代诗歌"诗中有画,画中有诗"的境界美,剖析"意象"、建构"意境"。

(一)以经典诵读丰厚文化积淀

培养学生的文化自信,必须以经典的文本为载体,在日积月累的诵读过程中丰厚学生的文化积淀。在《闻王昌龄左迁龙标遥有此寄》的教学时,要抓住中国古诗词经典意象"月"这个切入点,一方面选择它作为核心文本,从多维度教给学生诵读方法,在诵读中构建画面,迁移情感,让学生和古人跨时空对话,产生情感共情,理解中华诗词的魅力,激活文化自信的情感。另一面则以本首诗为范本,引领学生去涉猎更多经典文本,形成一个以"月亮"文化为内核的"经典文本群落",拓展学生的文化视野,丰厚其文化底蕴。

(二)以语言浸润加强文化理解

汉语博大精深,寓意丰富。要引导学生循序渐进,熟读深思。中国文人将"月亮"作为寄托情感的意象,可以说是达到登峰造极的地步。李白笔下的"白玉盘""对影成三人";白居易眼中"露似真珠月似弓";苏轼心中那份"婵娟"的美好,等等。一个意象众多咏叹,让学生在品读中不知不觉感受并认同月亮的巨大魅力。

(三)以创新意语文活动推动文化传播

古典诗歌发源于劳作之间,最初来源于劳动号子,具有音乐美。所以在诵读的基础上,改变为歌曲是很好的尝试,"经典咏流传"是语文老师可以借鉴的模式。另外中国古诗词讲究意境美,诗中有画,画中有诗,"诗词大会"的模式也可以引进语文课堂。总之,中国古代文化摇曳多姿,魅力无穷,语文课堂要以多层次、多维度、多形式传承我们的文化瑰宝,让学生在诵读中、咏唱中、演绎中领悟中华传统文化的魅力,增进文化自信。

二、语言运用是基础

根据 2022 年版新课标表述,语言运用主要包括语料积累、语感构建、语理习得、语言表现等几个方面。

语料积累是语言运用的基础。量变是质变的前提,语料积累以及随之而生的语言实践经验,正是语言运用的量变过程。教师在教学中,一方面要有充分的语料积累。诗仙李白心中有丘壑,绣口一吐,便是半个盛唐。作为语文老师不仅要深耕本学科知识领域,还要涉猎相关学科知识体系。师者胸怀大海，才能为学生采撷那朵最美的浪花。另一方面还要引领学生进行语料积累。每个学生要备有一本个性化的词语积累本。首先要独立设计积累本封面，在富有美感的审美前提下体现独特个性，好的开始是成功的一半，兴趣是最好的老师。其次是开展"妙语生花"展示活动，语文课定期组织学生交流积累素材，以活动激发学生积累热情，达到事半功倍的效果。

语感构建是语言运用的核心。一方面通过语料积累，形成输入型语感；另一方面，通过语言表现，形成输出型语感。而教师的职责就是在纷纭杂沓的语言现象中选择具有较高价值的语感形式。比如在讲授契诃夫的《变色龙》时，文中四次脱大衣、穿大衣及对狗称呼的变化，指向的正是语言运用。一方面，可以通过想象还原，为学生练习生动的细节描写提供平台；另一方面，又通过对比，让学生以一种感性的方式把握"留白"这一语理。无论想象还原还是对比，最终都是为了引导学生通过表达学会表达。再如，在讲授阅读课《算盘》时，教师围绕一个核心问题引导学生从多角度去解读文中陈老师是一个什么样的人，激发学生从修辞、描写等角度，多方面的去解读文中陈老师的人物形象，为学生在今后的写作方面创立良好的语感奠定基础。

三、思维能力是关键

2022 年版新课标指出："思维能力是指学生在语文学习过程中的联想想象、分析比较、归纳判断等认知表现，主要包括直觉思维、形象思维、逻辑思维、辩证思维和创造思维。"语言和思维是密不可分的。理解语言，必须深入到内部思维过程；运用语言，也必须经过思维才能表情达意。

那么，语文在教学时如何培养学生的思维能力呢？首先可以培养学生的直觉思维。说真话、抒真情是直觉思维培养的关键。在记叙文写作中，教授学生要用最质朴的语言去记录最真实的情感，让读者在字里行间去感受作者的情感，而不是刻意地去告诉读者什么。注重学生的情商牵引，要让学生有悲天悯人之心、伤春悲秋之情。其次要培养学生的形象思维。通过意象构建意境，在意境的感悟中陶冶情操。在枯藤老树和小桥流水的辉映下，感叹游子他乡的落寞。在采菊东篱下、悠然见南山的惬意中，体味隐者那份闲适和淡泊。最后教师可以充分发挥语文教材中古诗词题材丰富、课内外阅读有效衔接等多方面优势，以一篇诗词为中心，联系多篇具有可比性的文本。比如将主题同为望远抒怀的《望岳》《春望》和《野望》进行对比教学。诗圣杜甫在《望岳》中望到了峰峦雄伟的泰山，激发了诗人兼济天下的远大抱负；在《春望》中望到破败的山河，触发了诗人离愁别恨的家国之忧；在《野望》中望到的是孤寂悲寥的秋景，尽显诗人孤苦无依，却心系天下的家国情怀。在历史的长流中景物在不断的变化，而唯一不变的却是诗人"以天下为己任"忧国忧民的情怀。这不变背后实则是诗人对自己才华难展和国家命运坎坷的惋惜。在教授这类同题材古诗词时，教师可以着眼于不相同的几处来设计教学，启发学生联系历史背景与诗人身世，深入思考诗人的情感，从而明白诗人的良苦用心。通过这样的教学来提高学生的创造思维能力。

四、审美创造是载体

根据 2022 年版新课标表述，审美创造主要包括审美感受、审美理解、审美鉴赏、审美欲望、审美表现等几个环节。

在语文教学中，首先要培养学生正确的审美观。随着经济的高速发展，我国已经步入小康社会，物质水平的提高让学生们和革命文化的审美有违和感，反倒对一些浮躁的或者低俗的审美趋之若鹜。对这种现象，作为教师不能视而不见，要从制度优势和国家安定和谐的角度引导学生增强民族自信和文化自信，培养学生民族的革命的审美观。其次要激发学生的审美欲望。只有点燃学生心中的审美之火，他才能有发现美的眼睛。语文教师的诵读是开启学生审美殿堂的金钥匙。老师声情并茂的朗读能拉近学生和作品的距离，引领学生走进作品人物的心灵世界。现代化的音视频作品是审美的必要补充，名家朗读以声情并茂的艺术感受让学生身临其境，诗词大会让古人从荧屏中缓缓而来。审美素养的培养，不能仅满足初始的直觉和感动，更要注入理性的分析。比如在学习《关雎》和《蒹葭》时，学生在诵读时，很多同学都认为古人行文拖沓，重文叠句过多。教者就应引领学生反复诵读，让学生领悟诗歌的节奏美和画面的层次美，让学生理解中华文化的含蓄，温婉的特性和中国文人血脉中的儒雅所在，让学生获得更深层次，更触动灵魂的审美感受。

核心素养是语文课堂教学的核心所在，是立德树人的基石。它解决的是教育培养什么人的问题。语文教学只有紧抓核心素养这一主题，才能传承中华璀璨文化、延续民族血脉，在传承的基础上将华夏文明发扬光大，培养出高素质人才，让中华民族傲立世界民族之林！

第三节　初中语文培养学生核心素养的路径

一、核心素养的培育对教学方法的要求

语文教育是基础教育的重要组成部分，它肩负着传承中华文化的重要使命。学生接受

的语文教育关乎他们对知识的掌握、能力的培养和品性的养成。语文教师只有充分解读语文核心素养的内涵，对教学方法的运用进行深入了解，才能在此基础上重视教学方法的选用，通过教学方法的运用促进语文核心素养的培育。

（一）初中语文教学方法对核心素养培育的价值

1. 初中语文教学方法是培育核心素养的途径

"核心素养"这一教育理念的提出，标志着教育未来发展的新方向。教师需要在教学中充分考虑学生的主体地位，引导学生自主学习，促进其全面发展。这些育人目标究竟该如何贯彻落实在学生身上，毫无疑问，必须借助于教学方法的使用来将其真正落实。因此，语文教学方法是落实学生核心素养培育的重要途径，学生核心素养的培育必须以语文教学方法为载体。

核心素养的内容非常广泛，本书将其在语文学科中的具体体现分为四个部分：听说与读写能力、思维发展与提升、感受美与鉴赏美、了解与传承文化。通过语文教学方法的运用，力求学生在学习语文知识的同时获得听说与读写能力、促进学生思维的发展、培养学生辨别美的能力、强化学生文化传承的责任。核心素养的培育需要通过语文教学方法得到落实，间接说明了语文教师需要优化传统的教学方法，以适应学生核心素养的培育。根据核心素养在语文教学中的具体体现，教学方法的选择应该侧重于学生的实际需要，而不是只注重知识的需要；切实考虑通过教学方法的实施能够培养出学生的哪些能力和态度，而不是一味地灌输学科知识。除此之外，需要注意的是，不是教师用固定的教学方法培育学生的核心素养，而是和学生一起挖掘适合培育核心素养的教学方法，让学生在此过程中感受语文学习的乐趣，培养他们对语文的热爱。总之，在"核心素养"这一教育理念的指导下，如何把其和学科知识相结合，如何将其落实到学生身上，这些都离不开教学方法的使用。教学方法是实现目标的重要手段，即核心素养的培育需要通过语文教学方法得到落实。

2. 初中语文教学方法变革推动核心素养的培育

语文教学方法的设计以学生核心素养的培育为出发点和落脚点，在此实施过程中又悄然推动核心素养的内涵更加具体生动。语文文本蕴含了丰富的资源，只有通过适当的教学方法对其进行深层挖掘，才能在培养学生知识和能力的同时培养其健全的人格。设计教学方法时，教师首先应明白核心素养在语文中的具体体现，接着进一步探索如何通过教学方法落实学生语文核心素养的培育，最后将二者有机融合落到实处，促进学生全面发展。

在语文教学中运用教学方法时首先要注重学生对于汉字的掌握和运用。只有掌握一定量的汉字，学生才有能力学习文本，丰富自己的知识，提高听、说、读、写能力。其次，运用教学方法时，需要注重发展学生的思维能力。因为语文教材的选编都是经过专家反复研究的，极具逻辑性和代表性，学习语文文本有利于培养学生的思维。再次，当今时代的教育不仅仅侧重知识的传授，更注重对学生进行美的教育，教学方法实施的重要目的之一在于教会学生学会生活、感受生活，促进学生情感的升华。最后，中华文化之所以能够拥有五千年的历史，皆离不开世世代代中华儿女的传承。语文教材选编了大量与中华文化息息相关的文本，都是以教学方法的运用为载体，培养学生自觉传承文化的责任感和使命感。总之，通过语文教学方法的运用能够进一步推动语文核心素养的培育，在教学方法的改进和实施中促进核心素养的落实。

(二) 初中语文核心素养的培育对教学方法的要求

1. 听说与读写能力维度对教学方法的要求

语言文字承载着人与人之间的交流和信息的传播。听说与读写能力是语文核心素养中最基础的维度，是其他素养发展的前提条件。语言文字有自身的特点和规律，学生通过反复的学习和领悟，达到正确运用语言文字的目标，形成自己的表达技巧和独特的语言风格，在实际生活中用准确的语言表达出自己的想法。对此，语文教师应该对自身教学方法的采用有所思考，教学方法的采用需要注重学生对汉字的情感态度，而不是传统意义中达到听、说、读、写的目的。教师应该有针对性地发展学生的语言学习能力和表达能力，学生在教师的引领下有意识地发展自己的聆听、表达、阅读及写作能力。比如谈话法的运用。谈话法是指教师预先设定好谈话的中心主题及谈话层次，循序渐进、有目的地与学生进行交流，通过教师语言表达的严谨性启发学生表达的连贯性。

2. 思维发展与提升维度对教学方法的要求

思维的发展和提升在学生知识转化为能力的过程中起着举足轻重的作用，指导学生把知识应用于生活实践，用能力解决生活中的实际问题。学生从语文文本学习中接触到语言文字并学习其运用规律，通过与文本对话，与自身对话，获得思维的发展，以解决实际问题。同时，学生想象丰富、思维活跃，教师应抓住学生的年龄特点，因势利导，通过探究、启发等教学方法，利用学生思维发展的关键期，激发其想象思维、创造性思维的发展，引导其主动参与学习、探究学习、发现学习，以此提高自己的思维品质。由此观之，为了发展学生的思维，必须不断创新教学方法，给予学生创造自主学习的空间。

3. 感受美与鉴赏美维度对教学方法的要求

语文核心素养要求学生在语文学习中通过对文本的语言美、人物美及自然美的欣赏，掌握感受与鉴赏美的方法，提高自身审美能力，形成正确、积极的审美观点。不论是古诗、宋词，还是美文、佳句，都是祖国绚丽的瑰宝、宝贵的精神财富。如何感受文章的美感，如何鉴赏人物的形象美，这皆离不开教学方法的运用。语文教师应引导学生浅入深出地分析文本，教会学生感受与鉴赏美的方法，帮助学生获得审美体验。综上所述，通过教学方法引导其树立积极向上的审美价值观，以此促进学生语文核心素养的培养。

4. 了解与传承文化维度对教学方法的要求

中华文化包含了人类进步文明和祖国的历史发展，是每一个中国人都需要充分了解的，要增强对祖国文化的认同感并自觉承担传承责任。学生在对文言文、古诗词、文学佳作等语文内容学习的过程中，通过阅读文本、感受字里行间蕴含的丰富文化，增进对中华文化的理解，提高对其的认同感和传承的责任感。在此过程中，语文教师需要注意的是，文化的价值并不仅仅存在于文字表面，要带领学生深入文本挖掘其内涵。这就需要教学方法的支撑，因此教师要巧妙设计教学方法，引导学生有层次地探究其深层含义，充分领略祖国文化的风采。以实践教学法为例，语文教师应抓住一切传统节日开展文化活动，通过中心主题的设计启发学生自主寻找节日的由来、发展过程、习俗，促使学生在调查过程中感悟文化的博大精深，以此激发爱国情感。

总之，语文教师需要把握语文核心素养的四个维度，正确理解语文教学方法对语文核心素养的践行价值，充分发挥其对语文核心素养的贯彻和推动作用。教师要剖析语言文字的魅力，提高学生语言组织及表达的能力，锻炼学生的听说与读写能力；尊重学生的课堂主体地位，激发学生的想象，给予学生自主发挥创造性的空间，促进学生思维的发展；带领学生深入文本，挖掘其最真挚的情感，帮助学生获得感受与鉴赏美的能力；抓住传统节日，因势利导展开文化实践，帮助学生了解祖国传统文化，使其自愿传承文化。

二、基于核心素养培育的初中语文教学方法优化建议

语文教学方法的使用需要遵循一定的原则，在原则的引领下充分体现学生的主体地位，以学生喜闻乐见的形式展现，激发其内在学习潜能，引导他们感受语文的魅力，在此基础上培育学生的语文核心素养。

(一) 基于核心素养培育的初中语文教学方法的运用原则

1. 教学方法的主体性原则

语文教师深知教学方法的设计以学生为主体这一原则,但其在教学方法的设计中会有意或无意地忽略这一点,这从侧面反映出以学生为本的教学方法原则并没有深入语文教师的内心。因此,主体性原则被列为教学方法运用的首要原则。

教师在选择教学方法时应注重学生的课堂主体地位,充分调动其参与课堂的主动性和积极性,还课堂于学生。同时,需要注意的是,学生是有生命的个体,其各方面都处于发展的基础阶段,语文教师应根据学生的身心发展特点灵活运用教学方法。学生对任何事物都充满了好奇心,稍加引导便会立马投入其中,在寻求知识的过程中感受到学习的快乐。

2. 教学方法的灵活性原则

教学方法的灵活性原则主要体现在两个方面:一方面体现在语文教师能够根据教材内容、教学设备、学生个性差异及自身教学特点灵活选用教学方法;另一方面体现在语文课堂教学是一个动态生成的过程,教师需要重视教学预设与教学生成之间的关系,教学方法的设计不能是死板僵硬的,需要在教学生成中根据实际情况灵活转变。语文课堂灵活多变,在教师讲解知识点或者解析人物形象时,极有可能出现学生思路跑偏的现象,这是教学所不能预设到的。如果教师不能灵活运用教学方法,就会导致教学内容停留于表面而不能深层次挖掘,这样不仅没有解决突发问题,还容易误导学生,使其难以掌握学习的精华部分。比如,在学生不经意间提出疑问时,教师先不要直接给予回答,应鼓励学生自主思考、自主解决问题,在无法独立解决问题的情境下创建思维空间,提高思维活跃度,在此过程中教会学生解决疑难的方法。学生不经意间的提问是教学中无法预设的,灵活转变教学方法便能把突发问题转变为教学生成的精彩时刻,由此可见教学方法灵活性原则的重要性。

3. 教学方法的多样性原则

语文教学内容具有丰富性、多样性等特点,加上学生的个性差异,决定了教学方法的多元性。每种教学方法都有其优点和局限性,语文教师需要取长补短、综合运用;不同教学方法侧重的维度不同,要因材施教,促进语文核心素养的培育。在实际教学中,语文教师需要根据教学目标及学生的个性特点重新思考、优胜劣汰、创新组合教学方法,以集中学生的注意力,吸引他们主动参与到语文课堂中,从而更好地理解运用语文知识,发挥教学方法的最大功效,以提高教学质量。简言之,语文教师应该意识到教学方法优化组合的作用，遵从教学方法的多样性原则。因为整堂课的教学目标是多元的，此教法足够有效解决某一类教学目标，但对于另一类教学目标或许就效果削弱甚至束手无策，为此在教学中必须综合运用多种教学方法。比如，针对某一部分教学内容，教师可以把提问法与讨论法进行优化组合，只不过两者所占的比重各不相同。也就是说，教学方法的优化组合是主次有序的，并非独立使用。

4. 教学方法的适用性原则

众所周知，在语文教学中不存在任何一种教学方法适用于所有的教材、课堂、学生、教师，每种教学方法的采用都需要因教材而异、因课堂而异、因学生而异、因教师而异，这便是教学方法适用性原则被提出的合理性。

语文教师应该遵循教学方法适用性的原则，既要考虑教学方法的适用对象及功能，又要考虑教学方法适用性及功能发挥的范围及条件。如果语文教师采用教学方法时不考虑外在因素，强制把不匹配的教学方法和教学内容拴在一起，只会减弱课堂教学的效果，使学生学习的过程变得曲折复杂，故而失去学习兴趣。教学中任何种类的教学方法都有其自身存在的价值和意义，但它的使用价值不是万能的，不可能适合所有的对象。只有充分考虑教学方法的适用性，加以选择与创新，才能提高教学效率，为学生核心素养的培育所服务。

（二）基于核心素养培育的初中语文教学方法的改进策略

1. 强化品读表达，提升学生听说与读写能力素养

当前我国提出的语文核心素养的培育，首先注重学生对于语言知识在情境中的学习与运用。语文教师需要采取以语言传递为主的教学方法，帮助学生进行语言实践经验的积累。教师选择教学方法时应有意识地为学生创设听说与读写的氛围，通过读书指导法和讲授法等为学生创造吸收语言、感受语言的机会，通过讨论法和谈话法等为学生创造语言表达的条件。

（1）采用故事教学法，激发表达欲望

语文教师可以采用故事教学法进行教学。故事教学法运用的前提便是教师需要创设轻松、愉快的学习氛围，促使学生快速融入课堂，锻炼其语言组织能力和表达能力。

（2）采用读书指导法，感受语言魅力

语文教师采用读书指导法教学生读书，应该从读通、读顺课文内容开始，在此基础上再追求读好、读懂。因为教学方法讲究适用性原则，语文教师在使用读书指导法时，应有意识地注意范读时语言的清晰、准确、流畅，语调的高低、速度及抑扬顿挫，提高语言的感染力。学生在听教师范读时，不仅要聚集注意力，还要对听的内容有所理解、模仿、感受和联想，在此基础上进行练习。在学生学习读法、尝试读及熟练读，到最后有感情地读的时候，教师要有敏捷的观察力和指导能力，对学生的阅读技巧进行指导。在读的过程中让学生感受读的方法和读的态度，在读书中潜移默化学习语言组织的方法，获得语感。学生在长期听和读的学习中，慢慢积累想要表达的欲望，通过语言建构、组织，由在教师的引导下表达出自己的想法到完全自主表达自己的想法，发展学生的听说和读写能力，培养学生的语文核心素养。

（3）采用情境教学法，提升书面表达能力

语文是一门实践性较强的学科，学生不仅要学会口头表达，还要学会书面表达。在教学中，教师不仅要注重学生书写的姿势和习惯、写字的态度和规范，还要注重学生写作的流畅和语言组织的逻辑性。以往的写作教学不注重情境的创设，导致写作训练枯燥无趣，不能吸引学生的注意力，学生对写作也没有兴趣。因此，教师应注重情境教学法的运用，激发学生写作的欲望，以课文为载体，从文本内容的角度出发，设计与之相关的写作练习。

2. 发展想象创造，提升学生思维发展与提升素养

语言是思维的外衣，思维则是语言的调配器；没有思维的调动，语言则是毫无意义的符号。语文核心素养提出发展学生的思维，必然要先打破语言的牢笼，从注重教师的教向注重学生的学转变，把课堂主体地位还给学生，通过学生言语的运用产生思维的碰撞，充分调动学生学习的自主性和主动性。探究和启发等教学方法适用于对这一维度的培养，在遵循教学方法主体性原则的基础上充分融合学生的思维发展理念，以提升学生的思维能力为最终目的。

（1）熟用启发教学法，引导学生思考

学生在语文知识的学习和语言运用的过程中形成语文思维，语文思维的发展程度影响语文学习成效的高低。因此，教师在选用教学方法时应注重引导学生思考，而不是盲目地追求标准答案。启发教学法能够帮助学生在学习和实践的过程中逐步形成敏锐性、深刻性等思维品质，适合语文核心素养的培育。

启发教学法是指教师根据教学内容和学生的实际，引导学生分析问题、解决问题，从而获取知识，促进思维的发展。要想采用启发教学法，需要教师提前做好教学准备，充分了解学生的学习情况。教师只有循循善诱、由浅入深，把问题和教学内容紧密联系，激发学生的学习潜能，帮助学生获得思维品质的提升，才能使思维发展散发新的生机与活力。

（2）勇用探究教学法，鼓励思维发展

语文教师应该重视对于探究式教学方法的使用，这是提升学生思维品质，鼓励其思维发展的有效教学方法之一。在课堂教学中采用探究教学法时，教师可创设有效情境，激发学生的好奇心，鼓励他们进行自主探究，充分给予学生自主合作探究的学习时间和空间，最后总结自己的学习成果并互相交流和分享。教师在教学过程中应该及时地发现问题并进行一定的引导，及时发现并调整学生在探究过程中出现的问题，调动学生探究的积极性，重视他们对于探究结果的分享及交流，在交流中进行思维的碰撞，从而实现思维的发展。

3. 促进情感陶冶，提升学生感受美与鉴赏美的素养

语文文本蕴含着丰富的美的文化，教师需要通过教学方法的灵活运用来引导学生感受并体会其中的美。语文知识固然重要，但通过语文知识的学习感受作家的情感和胸怀对学生来说具有重要意义，有感受才有体验，有体验才有升华，在此过程中陶冶自己的情操。换句话说，教学方法的灵活运用对培育学生感受美与鉴赏美这一素养起着关键性作用。对此，语文教师应该遵循教学方法的多样性原则，多角度引领学生学习文学作品，使他们获得审美体验，学习审美的方法，不断陶冶审美情操，净化自己的心灵。

（1）巧用语境分析法，培养审美情操

文章是文字汇集的精华，离开了文字，文章便不复存在。选编进语文课本的文章更是经典文学，通过作者逐字逐句的分析比较，才产生了一篇篇汇集心血、文质兼美的文章。因此，教师应在教学中注重语境分析法的运用，带领学生细细品味文章的语言文字美，提高学生感受美的能力。

（2）妙用文本表演法，激发情感体验

语文教师在教学时要尊重学生的主体地位，注重学生的情感体验，让其对文学作品具备一定的理解程度和欣赏能力。教师只有在唤醒学生心灵的基础上，引导学生深入文本，促使学生带着对感情的执着走进美好的语文世界。因此，语文教师遵循教学方法的灵活性和适用性原则选择文本表演法在此时可以发挥最大功效，以文本内容或人物对话为表演内容，发挥学生的主体地位，辅助他们在理解文本语言、探究文本写作背景的基础上把自己对于文本内容的理解演绎出来，这无疑能够很好地帮助学生理解教材，有效地掌握知识，并使他们的心理机能得到发展，激发学生的情感，使其审美鉴赏与创造能力得到提升。

4. 开展文化活动，提升学生了解与传承文化的素养

语文核心素养还有最重要的一个部分，即了解与传承文化。因此，教师应遵循教学方法的主体性原则，注重学生对先辈们智慧和人文精神的学习，培养学生了解与传承文化的能力。比如，教师可采用实践教学法，促使学生主动参与文化传承活动，通过亲身体验，感受中华文化的魅力所在，激发其传承祖国文化的使命感。

第四节　初中语文培养学生核心素养的建议

一、对教育部门提出的建议

(一)加快建构基于语文学科核心素养的评价体系

追求考试成绩是目前阻碍初中语文核心素养落实的最大阻碍因素，教育部门以考试成绩来评价学校和教师，教师也不得不拿考试成绩来评价学生，久而久之，形成了恶性循环。因此，合理的评价体系的建立对语文学科核心素养的落实有着举足轻重的作用。只有通过评价，才能了解核心素养落实的状况，同时，还会促进语文核心素养的落实。建立基于语文核心素养的评价体系势在必行。

教育部门要树立以人为本、终身发展的教育观，调整以中考评价学校、老师、学生的方式，坚持以落实语文核心素养为纲领，从语文学科核心素养的语言建构与运用、思维发展与提升、审美鉴赏与创造和文化传承与理解四个维度进行全面落实，以促进学生全面发展为最终目标。此外，语文学科核心素养是一个相对宽泛的概念，建立基于语文核心素养的评价标准要具体、细化，能够在初中学段各年级进行测评。而我国现行语文课程标准主要是对课程内容的界定，虽然从知识和能力、过程和方法、情感态度和价值观三维角度对课程进行了说明，但主要对学什么、学多少讲得比较详细，大部分学科对学到什么程度要求不明确，难以量化、分级，缺乏明确、具体的能力评价标准。在建立基于语文学科核心素养的评价体系时，还需要教育部门召集课程标准的专家来研究基于语文核心素养的评价指标。因为要将语文学科核心素养进行细化落实，需要将各年段的内容标准进一步细化为年级内容标准、单元内容标准、每节课的内容标准等，并制定出相应的评价标准，作为评分时的依据。

(二)建立基于语文学科核心素养的教师专业发展的培训制度

在语文学科核心素养方面，教师的在职培训情况很不乐观。教师是影响核心素养落实的重要因素，在学生核心素养的发展过程中扮演着转化者的重要角色。只有加强对教师专业发展的引领，才能更好地将语文学科核心素养融入日常的教学过程中。教育行政部门必须重视将语文核心素养的相关内容融入到教师培训及专业化发展的指导过程中，从而确保教师能够成为学生核心素养形成和发展的有力引导者、辅导者、咨询者以及合作者，并最终实现师生核心素养的共同发展。

二、对学校提出的建议

(一) 树立正确的教育观和办学理念

教育观与教育理念是一所学校的灵魂，良好的教育观与教育理念对学生的发展起到润物细无声的作用。每一所学校都应提炼出该校的精神文化要素，从而为培养学生的核心素养提供重要的环境保障。班级环境多是围绕提高学生学习成绩来建设的，而且学生的课业负担依然较重。因此，学校应该树立正确的教育理念和办学理念。例如，根据初中生身心发展的规律，并结合语文学科特点，采用适合的课程与教学形式，增强学生的积极性和主动性，减轻课业压力，重视人格发展，注重培养良好的语文学习习惯等。与单纯提高学生的学习成绩相比，也许上述这些做法在学生的人生发展过程中才是影响更深远、更有意义的。

(二) 加强基于学生核心素养的校本建设

课程的三级管理制度在我国开展得如火如荼，而将学科核心素养与校本课程结合在一起或许是培养学生学科核心素养的一种思路。学校应该根据本校的校情、学情，开展相应的语文校本课程，其内容选择、实施方法都应注重学生的全面发展，进一步为学生提供个性化教育，开发学生的潜能，提高学生的语文核心素养。

学校在设立相同年级学生的校本课程之外，有条件的学校还可以设立不同年级选修的校本课程，鼓励学生灵活地流动走班听课，这样可以最大限度地激发学生的学习兴趣，也可以提升初中生对语文核心素养的认知程度，坚持下去，学生整体性的核心素养会得到很大的提升。

除了校本课程，加强校本培训也是提升教师专业发展，间接提升学生核心素养的一种方式。校本培训的优势在于能够面向本校语文教师，针对语文教师的不足开展训练，在培训的广度和深度方面可以发挥特长。教师之间还可以通过能力强的教师帮扶普通教师，实现教师之间的优势互补和共同进步。不仅如此，学校与学校之间也可以加强交流与学习，就如何提高教师的语文核心素养以及学生的语文核心素养进行交流探讨。

三、对初中语文教师提出的建议

(一)教师提升自身对语文核心素养的认知

在课堂观察与访谈中发现,初中语文教师对语文学科核心素养的了解并不深入,在具体的课堂实施中自然会偏离方向。初中语文教师在核心素养实施中所处的地位举足轻重,他们对语文核心素养的理解程度决定着他们能够教出什么程度的学生。因此,初中语文教师应该不断更新多年来头脑中形成的固化的教学理念,加强对语文学科核心素养的领悟与学习,主动了解语文学科核心素养的四大方面,即语言建构与运用、思维发展与提升、审美鉴赏与创造、文化传承与理解的具体内涵、特征、构成及价值,进一步实现从语文学科的三维目标到学科核心素养的转变。教师提高对语文学科核心素养的认知,树立正确的核心素养理念是培育初中生语文核心素养的首要环节,也是必备基础。

(二)教师应完善自己的专业知识结构,提升专业水平

语文教师要自主、自觉地发展个人专业化。要想推动核心素养的实施,那么初中教师提升自己的专业化是必须采取的手段。教师专业化发展包括专业知识(语文学科知识、教育理论知识)、专业能力(语文能力、教育教学能力、反思能力)以及专业情感品质三个方面。目前,一些初中语文教师虽然有着丰富的教学实践经验,但深感与教学理论脱节;也有一些语文教师在完成教学任务之后缺乏对教学的反思,以至于专业能力提升缓慢;还有一些语文教师在工作一段时间之后,对教学、对学生变得麻木起来,工作热情调动不起来。这几种情况都是语文教师要防微杜渐的。初中语文教师要从教师专业发展的三个方面着手,保证自身专业化路径的可持续性发展。

(三)丰富评价主体与评价方式,注重过程性评价

通过访谈可知,虽然有些语文教师在评价学生的时候会参考学生的综合能力,但总体上还是摆脱不了以考试成绩为主要评价方式的桎梏,而且评价的主体以教师为主,家长和学生参与得较少。教学评价应该体现评价主体的多元化,也应该重视评价形式的多样化,此外,评价还应该体现正面激励的作用。首先,教师应该从多方面评价学生,例如评价学生的语言能力、思维能力、审美能力、文化意识以及道德品质等,最好能发现每个学生身上的闪光点,从而让学生自信地学习、生活。其次,评价的主体除了教师以外,还应充分发挥学生、家长、学校的积极性。最后,教师要将终结性评价与形成性评价结合起来,充

分发挥两者的优势，让其为教学服务。众所周知，终结性评价是一种以结果为导向的评价，注重学生的考试成绩，它也是当下教师最常用的一种评价方式。但是，过分重视这种评价方式会导致一些不良的后果，例如会出现高分低能的学生，因为卷面成绩高并不代表语文素养高，有的高分学生很可能语言表达、口语交流能力差。而对于成绩不理想的学生而言，终结性评价无疑是非常打击自信心的一种评价方式，很可能形成恶性循环。形成性评价是目前所倡导的一种评价方式，它是一种注重过程、注重多种维度、采用多种手段的评价方式，充分体现了以人为本、注重学生发展的教学理念。教师可以通过为学生建立成长档案袋、课堂学习活动评比、访谈、学习效果自评等方式来了解学生平时的学习情况。教师在实施日常的形成性评价时，应注意教学和评价的主次关系，尽量不要使形成性评价过多挤占教学时间。

（四）课堂教学中落实语文学科核心素养

课堂教学是落实语文学科核心素养的最直接的方式。通过课堂观察发现，语文课堂氛围通常还是比较沉闷的，语文教师应该在如何营造轻松愉快的课堂氛围上多下功夫。另外，语文教师的主要教学方式还是讲授法，这样不利于激发学生的学习兴趣，教师应该积极探索适合本班学生的教学方式。例如探究教学模式下的教学方法，它以学生独立自主学习和合作为前提，以学生周围世界和生活实际为参照对象，以语文教材为基本探究内容，为学生提供自由表达、质疑、探究、讨论问题的机会；学生通过个人、小组、集体等多种形式的活动，将自己所学知识应用于实际问题的解决，教师在其中发挥启发、诱导的作用。这种探究式的教学方法有利于培养初中生的创新精神、合作精神以及探究意识，也有利于培养学生勇于质疑的心理品质和与人交流合作的人文情怀。此外，语文教师要构建融洽的师生关系，与学生平等对话。在调研中发现，在民主平等的师生关系下的课堂氛围通常比较好。和谐的师生关系可以促进学生的全面发展。因此，初中语文教师要放下权威的架子，尊重学生，理解学生，与学生平等对话。

以上是从宏观层面对语文课堂教学提出的建议，以下将从微观层面，即从语文核心素养的语言建构与运用、思维发展与提升、审美鉴赏与创造、文化传承与理解四个维度一一阐述。

语言建构与运用方面：初中生在语言建构与运用素养方面存在的问题是初中生不能够有耐心地倾听别人讲话、不能够运用不同的阅读策略去读不同的文章体裁以及不能够很好地独立完成写作任务，另外，在语言知识和语用规律方面也有待进一步加强。语言建构与运用素养主要通过阅读教学、写作教学与综合实践活动来培育。在阅读教学时，语文教师不仅要把语言知识潜移默化地传递给学生，还要注重培养学生运用不同阅读方法的能力，以及在课堂讨论与提问中培养学生倾听与表达的能力。在写作教学中，教师首先要教会学生文章如何立意，其次要注意引导学生在不同文章体裁中运用不同的表达方式，例如记叙、议论、说明、抒情以及描写等，最后还要鼓励学生多运用平时积累的语言素材，引导学生在作文中生动形象地表情达意。在综合实践教学中，语文教师要以语言文字为媒介，运用专题研究、社会调查和语文课外活动等形式将各科有关知识聚焦到语言文字的建构中，从而促进学生语言建构与运用素养的提高。

思维发展与提升方面：初中生的思维正处于迅猛发展的阶段，因此语文教师无论在阅读教学、写作教学还是综合实践教学中都要针对初中生思维的发展与提升进行训练。语文教师在课堂中要鼓励学生质疑，在题目答案设计时也不要只顾答案的统一性，要适当允许有不同的声音出现，多给学生一些发挥想象的空间，看到学生身上不同的闪光点，这些都有利于激发学生批判与创造的能力。

审美鉴赏与创造方面：初中生在审美欣赏与评价方面缺少个体主观感知，接受的是老师给出的标准化的赏析模式；在审美表达与创新方面，由于没有阅读到一定数量的优秀文学作品，加上学生不能够灵活运用平时所积累的优秀语句，所以整体上初中生在审美表达与创新方面的情况也不乐观。语文学科拥有开展学生"美育"的独特优势，教师可以通过开展丰富多彩的教学活动来培养学生的审美鉴赏与创造能力。语文教师应注意引导学生体会语言美、形象美、情感美以及理性美。具体来说，语文教师可以通过激情导入、朗读成诵、仿写等方式培养学生的语言美感；语文教师需要帮助学生透过教材中生动的文字描写，联想和想象人物的形象美；语文教师要充分挖掘教材中作者的情感，通过创设情境、言传身教等方式培养学生的情感素养；语文教师还要培养学生在鉴赏作品中客观地做出判断和决定的理性素养。总而言之，语文教师不仅要给学生充分的空间去感知文学作品的美，还要注意引导学生欣赏与评价文学作品的美，而且要鼓励学生多阅读优秀文学作品，积累优美语句，进而创造文学作品美的能力。

文化传承与理解方面：初中生在对中国传统文化精髓的吸收以及辨别国外文化的好坏方面存在着不足之处。语文教学本身具有文化性，它也是文化传承与理解的活动。"传承"指的是传承传统文化与传承现代文化，"理解"指的是理解中国文化与理解国外文化。首先，语文教师要认识到文化现代性和传统性结合的重要性。重视学生优秀传统文化的学习，帮助学生汲取中华传统文化的精髓，继承和发扬优秀民族文化，树立民族自信心和民族自豪感。其次，语文教师要从文化多样性出发，理解和尊重国际文化间的差异性，引导学生尊重、学习其他民族的优秀文化，促进不同文化间的沟通与交流，帮助学生学会对外来文化取其精华、去其糟粕。

四、对初中生提出的建议

(一)端正语文学习态度,认识学习语文的重要性

语文学科是工具性与人文性的统一,工具性体现在它是理解、学习其他科目的基础,也是人与人交流沟通的符号形式;人文性体现在语文学科通过对学生的思想感情进行熏陶感染,学生成为一个更有人文修养、良好个性以及健全人格的人。无论是语文成绩还是语文学科核心素养的提高都是一个需要长期坚持和缓慢见效的过程,所以学生在学习语文的过程中一定不能心急,坚持每天一定时间的付出并长期坚持一定会收到意想不到的效果。初中生只有端正自己学习语文的态度,认识到语文学科的重要性,例如体会到写得一手好字、作得一篇美文的乐趣与意义,才是他们学好语文的良好开端。

(二)激发学生学习语文的内部学习动机

内部学习动机是指由学生内在的学习需要引起的动机,例如学生的求知欲、学习兴趣、提高自己能力的期望等,它们会促使学生积极主动地学习。外部学习动机则与之相反,它是指由学生外部原因所引起的动机,例如有些学生努力学习是为了得到父母或教师的奖励,这些学生的学习动机不是学习任务本身,而是学习活动之外的原因。内部学习动机可以促使学生在学习时更加具有自主性、自发性,也更加高效,拥有此动机的学生渴望获得有关的知识经验。而具有外部学习动机的学生在学习过程中对学习内容本身的兴趣很低,他们的学习具有诱发性、被动性。很多初中生在学习语文的过程中很大程度上是为了完成学习任务,不受家长或老师的批判而学习,家庭作业更是敷衍了事,这样根本体会不到语文学习过程中的乐趣。因此,初中生应该培养学习语文的内在动机,改善被动学习的状态,变得乐学、善学,才能真正学好语文这门学科。

(三)探索学习规律,提高学习效率

语文学科有其自身的规律与特点,学生应该在学习过程中主动探索规律,从而提高学习效率。首先,要遵循记忆规律,以积累为基础。学生在学习完语文知识后,要做到及时复习,才能防止知识的快速遗忘。此外,平时多加积累是学好语文的捷径,学生平时要有自己的积累本、整理本,将零散的知识点归纳在一起,以备时时翻看。其次,学习语文要遵循理解规律,重在领悟。语文知识的学习与其他知识一样,也是一个由浅入深、由简单

到复杂的过程，学生对文章的理解不能停留在表面，而是通过文章领悟作者的写作目的等，从而提升学生的人文素养。最后，遵循写作规律。一方面，学生平时可以积累优秀的词句，在运用时可以达到意想不到的效果；另一方面，学生在作文时，不能纯粹地套用模版，而是要抒发自己的真情实感，这样才能做到有话可说、有感而发。此外，学生应根据自己的学习特点选择合适的学习策略。学生抓住学习语文的规律并找到适合自己的学习方式，学习效率自然会提高，学科核心素养也会跟着提升。

（四）拓展课外阅读，提升核心素养的有效方式

在阅读优秀的母语范式中，学生可以提升语言能力；在阅读语言材料中，学生可以养成良好的语感，提升感受力与理解力，锻炼思维品质；在阅读鉴赏、品味感悟中体会文学作品的语言美、意象美、情感美，从而熏染自己的审美意识与能力、审美情趣与品味；在经典阅读中，学生可以体验不同的人生经历，见识多个地方的异域风情，从而开阔自己的眼界，增强自己的文化底蕴。由此可见，阅读在学生的语文学习中有着重要意义。初中生平时在完成老师推荐的书目之外，还要广泛阅读中外文学名著，并运用课堂中学习的阅读技巧，提高阅读效率。

第三章 初中语文课堂教学

第一节 语文知识教学

一、语文知识内容的建构

(一) 构建语文知识体系的几点认识

1. 以现代教育理论为指导，明确初中语文教学中的知识观

以往语文教学中对"知识"这一重要概念的理解往往局限于模糊的常识性水平。现代教育学和心理学的研究认为，能力的形成和发展是知识高度概括化、结构化、条件化以及广泛迁移的结果。就知识的实质而言，它是客观事物的特征与联系在人脑中的能动反映，是人们对客观事物的认识经验，它是通过主体与客体的相互作用在人脑中建构起来的，是储存于人脑中的有组织的信息。从学习心理学考虑，知识可以分为两大类：陈述性知识和程序性知识。前者是说明事物是什么、怎么样的知识，用于识别事物。后者是说明做什么、怎样做的知识，用于指导操作。目前的初中语文、知识教学中大部分是陈述性知识，人们普遍缺乏对程序性知识的认识。而程序性知识恰恰是使知识学习与指导实际应用紧密联系的桥梁和纽带。特别需要具有明确地指导在听说读写活动中做什么、怎样做的程序性知识。

2. 建构适应初中语文教学总体目标要求的应用性知识系统

(1) 区别"语言"和"言语"

语文教学的核心是语言运用的教学。语文教学所面对的、语文教学所要解决的，并不是语言的问题，而是言语的问题，不管是口头上的，还是书面上的问题。语言指的是由语音、语汇、语法组成的符号系统，言语指的是对这一符号系统的具体运用。语言是工具，言语是特定场合下特定人对这一工具的运用。语言和言语的区分为现代语言学的研究拓宽了道路。语文教育同样应该从语言与言语区分的思想中得到有益的启示，语文教学中打交道最多的是个人的言语行为和言语结果（从课文到学生作文）。语文教学就是在利用他人成熟的、典范的言语结果和言语经验去指导学生的言语行为，养成他们的言语交际能力。说到底，语文教学应该属于言语教育的范畴，它是为培养学生实用的言语交际能力服务的。

（2）构建一体化的语文知识体系

语文课的重要任务是培养学生的语文技能，必要的知识特别是程序性知识在技能的养成过程中是十分必要、不可缺少的。语文课的主要任务是培养学生使用语文的技能，所以一般称之为工具课。教师的任务是指点学生模仿什么、怎么模仿，检查学生的实践是否正确、是否熟练。指导学生模仿什么，怎么模仿的知识实际上主要就是程序性知识。一切工作要紧紧围绕初中语文教学的总体目标，确定语文知识教学的目标，即了解必要的陈述性知识，重点掌握基本的程序性知识，以便初步形成熟练的实用性的语文技能。基于这一目标要求，应该建构一体化的语文知识体系，使初中阶段语文知识的各组成要素分别按不同的类型或层次进行整合，使其成为具有内在联系的整体。各要素之间上下左右、纵横交叉要沟通，体现其内在的有机联系。就初中语文而言，语文知识教学从显性层面看不必强调、追求系统化，但是从隐性层面看内在的系统性必须十分明确。

（3）明确每个学期、每个年级语文知识教学的层级目标

在总体目标支配之下，每个年级、每个学期语文知识教学的目标规定要确切，要求要具体，应该是可以操作的、可以迁移的，是可以客观检验的。对于每一学期的语文知识，哪些是陈述性知识，哪些是程序性知识，应该分别予以说明。对于陈述性知识和程序性知识的教学要求是不一样的。陈述性知识重在记忆保持和能够及时激活、重现。要求学生掌握陈述性知识就是要求学生能够用自己的话陈述信息，其主要特征是陈述和理解。程序性知识主要是在记忆保持的基础之上，能够适时地被调动用以指导言语操作。

语文知识的学习、语文技能的掌握具有循环学习、螺旋式上升的特点。因此，每一年级、每一学期的语文知识教学既要有自己的明确的任务目标，同时还必须充分注意和切实处理好本学年、本学期同上一学年、上一学期和下一学年、下一学期语文知识教学的内在联系。要明确每一学期的任务起点和终点目标，并且从时间纵轴上认清某些知识点在不同学期的不同要求。语文教学有这种现象：往往一个内容不可能一次学好，而是要反复学、循环学，由浅入深，螺旋式上升。阅读、写作、语文知识都有这种情况。必须认清语文教学的这个特点，并在每个学期的教学安排中处理好这一问题，使知识的教学既有前后的联系贯通，又有每个学期自身的任务，明确层次，便于实施。

（二）语文知识内容的构成

1. 社会的语言/言语规律

（1）语言规律

语言是人们相互联系的纽带。语言见之于声音，有共通的发音规则；见之于文字，有共通的书写规则；语言表达意义，有共通的组词和造句规则。社会的语言规律对于每一个社会成员都具有绝对的强制力。在基础教育阶段，语文课程中的汉语拼音方案、异读词表、异体字表、汉语词汇和短语的构成、单句和复句的基本类型等，就是汉语最基本的规律，是对学生语言规范化的最基本的要求。为此，语文课程标准对各个学段都提出了不同的教学要求。

应当强调的是，汉语是我们的母语，是当今世界上使用人口最多的语言。汉语在语音、语汇、语法等等方面都独具特色。例如，字是汉语的基本结构单位，汉语音节具有韵律性，汉语语汇有四大类别（实字、虚字、联绵字和成语）；作为一种语义型结构，汉语的结构单位和语法关系主要靠语序和虚字来表示，等等。总之是语言知识的重要组成部分。这样，在语言知识的教学中，就可以自觉而自然地培植和养成学生"热爱祖国语言文字的情感"。

（2）言语规律

语言是说话和写作的工具，说写是个人运用语言进行交际的行为，话语和文章是人们运用语言工具生产出来的产品。用这个观点来审视语文课程和教学，就会发现在语文教学中花费时间最多的是阅读范文，而范文是作者个人的言语行为和产品。教学见效最慢的是学作文，而作文是学生的言语行为和作品。因此，也可以说，语文教学旨在用他人成熟的、典范的言语成品去指导学生的言语实践，引导他们的言语从不规范走向规范，从幼稚走向成熟。语文教学不是教学生来认识语言，而是让学生运用语言。说到底，语文教学应当属于言语教育范畴。由此可知，语文教学和修辞学、语用学有着天然的内在联系。

人们总是在特定的言语环境中使用语言，即使大家同样严格遵守语言规范，说的话和写的文章也有不同特点。怎样选词造句，用什么方式交流思想，怎样提高表达效果，个人使用语言有什么特点等，都有规律可循，这些规律就是言语规律。所以说，语言规律是语言体系本身的规律，言语规律是人们使用语言的规律。言语规律同人们的言语活动紧密相连，审视、研究言语规律要从剖析言语活动入手。

第一，使用语言总是在特定的交际环境之中，而且必须依赖于特定的语境；

第二，使用语言要正确选择语言体系中的成分，组成话语以表达思想；

第三，使用语言是为了达到特定的交际目的，完成特定的社会交际任务。

据此，从语文教学的目标出发，可以提出如下一些有关言语规律的教学内容：

第一，言语要与语境相适应。在语文教学中就要适时地依据例文的表达经验，指出什么是语境，语境包含哪些因素，语境有什么功能，语境对于语义表达有什么作用，在写作中如何生成语境，在阅读中如何还原语境等有关语境学的基础知识。

第二，言语要善于从语言体系中选择成分。在语文教学中就需要通过选文来了解语音规律及其表意功能，词语的意义及其变化的规则，短语的类型及其组成句子的规则，句子的多种类型，句子的常式与变式，句式的表意作用等基本的语音、词汇、语法知识。

第三，言语要组成相对完整的语篇。句子是表达语义的最小单位，完整的语篇才能够表达比较复杂的语义。语篇不是句子的简单相加，它具有组织句群、结构段落和铺排篇章的内在规则。这些规则也应当是语文课程的基础知识内容。

第四，言语要与交际目的和任务相适应。从语言体系中选择成分，组合成言语，必然要受到交际目的和任务的制约。为了更好地完成交际任务，人们还往往采用修辞手段，使言语更加明白、生动、得体，以便最大限度地发挥言语的效果。语体特征和规律，主要的语用规则和方法，也应当是语文课程的重要的知识内容。

2. 他人的言语经验

语文教科书中编选了许多古今中外优秀的、不朽的传世之作。这些内容自身就是一种文化形态，就是一种知识。从大量范文中所提取出来的他人的言语经验，这些言语经验与学生的现实生活与认识体验距离较近，有益于学生在阅读和写作中借鉴和模仿。

粗浅分析是从广义修辞学的角度入手，研究修辞作为言语建构的方式、作为文本建构的方式、作为参与人的精神建构这样三个层面，目的在于说明如何从现成的言语片段中提取有益于学生读写的、他人的言语经验。但应该进一步说明的是，他人的言语经验，虽然从总体来说，必然符合前面说过的社会言语规律，但它毕竟保留了活生生的个人言语风格，而有别于抽象的规律条文；它毕竟是属于个人的经验范围，而受到具体语言环境的制约；而且这种个人的言语经验是无比丰富、难以穷尽的。另外，从不同的研究角度着眼，人们可以提取出不同的言语经验；具有不同的文化水平和生活经验的人，也可以从同一言语现象中提取或接受不同的言语经验。这种状况又一次说明语文课程和教学切忌固定的统一答案。学生就是在这些具体的言语经验中，形成积极的人生态度和正确的价值观，提高文化品位和审美情趣，具有较丰富的积累，形成良好的语感，受到高尚情操与趣味的熏陶，发展个性，丰富自己的精神世界。

3. 个体的言语规则

语文课程和教学的最终落脚点是提高学生的言语能力和养成学生良好的言语习惯。因此，培养学生符合言语客观法则的行为方式，就是语文教学的主要目的之一；关于个体在听、说、读、写、思等方面的言语行为规则，就必然成为语文课程的重要知识内容。言语行为规则如同人的其他行为方式一样，大都有形之于外的动作可供观察和检测，但其行为理据仍在主体内部的思维活动。现把主要内容陈述如下。

（1）阅读行为规则

从不同的角度看，对阅读行为有不同的要求：

从阅读的基础方法看，需要掌握朗读与默读，精读、略读和浏览等方法。

从文本的结构单位看，需要掌握词语释义和品评，读解句子和句群，读解段落和段群，以及理清思路、解析文本等方法。

从阅读的不同目的看，需要掌握感受性阅读、理解性阅读、积累性阅读、鉴赏性阅读、探究性阅读和创造性阅读等方法。

从阅读思维加工看，需要掌握感受言语，联想和推理，具象和抽象，概括和分类，分析和综合，汇兑和换位，体验和审美等方法。

（2）写作行为规则

从不同的角度看，对写作行为有不同的要求：

从写作的基础能力看，需要掌握观察和调查、比较和筛选、言与意的转换、借鉴与评价、书写与标点等方法。

从写作的过程看，需要掌握聚材与选材、立意与安章、选词与炼句、起草与修改等方法。

从写作的基本类型看，需要掌握供料作文、话题作文、命题与半命题文、自拟题作文等方法；掌握写实作文、想象作文、虚构作文等不同类型的作文。

从写作思维加工看，需要掌握广泛发想与聚合发想，正向思维、逆向思维与连锁思维，分析与综合、具象与抽象、分类与比较、联想与想象等思维方法。

（3）口语交际行为规则

需要掌握倾听与解意、复述与陈述、独自与答问、应酬与交谈、致辞与讲演、申辩、反驳和辩论等方法。

应当说明的是，以上每一项行为规则都还可以展开为一系列具体的方法。这些方法有的在前面相关的章节中已经做过解释，有的还需要依仗师生双方来自教与学实践的经验总结，因为言语行为永远都是带有个性化、具有体验性的。在言语实践中形成的一系列行为方法和规则，都将逐渐形成熟练的言语技能和良好的言语习惯，最终养成言语能力。

综上所述，不难看出，语文课程的知识内容正面临着这样一个形势：即从单一的静态的语言规律，向多重的动态的言语规律延伸；从一般的读解范文，向从范文中抽取有益的言语经验提升；从一般的语言练习，向掌握多种语文学习的基本方法深化。这种变化不仅极大地丰富了语文课程与教学的知识内容，而且必将促进语文课程知识类型的转化。因为这种新的范式不是对原有范式的精确化或扩展，相反，它是从一个新的基础对某一领域的重构，改变了这一领域研究的基本理论、方法与模式，甚至改变了这一领域的专业设置和教育。

二、初中语文知识教学的基本原则

(一) 精要致用的原则

精要，指的是语文知识内容的选择要少而精，符合学生的年龄特点和接受程度。语文课程的知识涉及的学科领域很广，但在编制语文课程时，应该选择最基本、最重要的内容，选择最实用、最管用的项目，选择最需要学、最容易学的内容。

致用，指的是语文知识的教学应该便于学生在言语实践中操作和运用，应该有利于促进学生形成言语技能；学了之后能够形成适应当代社会需要的语文能力，真正达到学以致用。

学习语文知识的目的既然是为了提高阅读、写作和口语交际能力，当然不宜刻意追求语文知识的系统和完整。在教学中，也不应让学生去死记那些名词术语，或者围绕那些名词术语去练习，而应把注意力放在提高学生的语言运用能力上。

(二) 综合实践的原则

学习语文知识的目的是指导学生的言语实践，而个体的言语实践永远是具有综合性的。不能设想有只涉及语音，而不涉及意义的言语；不可能有只说出一个个词语，而不涉及句段的有效言语。在言语交际中，听话与说话也是统一的过程，阅读与写作也是互相关联的。因此，有关指导形成言语技能的知识，总是一个综合统一体，其中包括知识与技能综合，听说读写各种言语活动的综合，言语能力与思维能力的综合，语文知识与其他学科的综合，言语活动与社会生活的综合，语文知识与情感态度和价值观念的综合等。其中应当特别强调的是言语与精神的同构共生。因为学习语文知识绝不是单纯地学习知识术语，没有精神参与的"言语"，就只是一连串毫无意义的音符和字符。如果语言学习与言语实践脱节，学生所学习的语言文字是纯符号性的，是脱离了精神之血的"僵尸"，语言不与精神同构，就不能在心中生根。

(三) 注重言语情境的原则

怎样掌握随文学习的原则呢？因为教学任何一篇课文，都可能碰上语法、修辞等各种语文知识。这里有三个问题要注意：

第一，根据教学目标的要求决定取舍，这样就可以把学习的范围确定下来。

第二，在疑难处学习。学生学习课文常会遇到疑难，例如对课文中的重要词句在特定语境下所表达的意义和所起的作用的理解，对课文中一些复杂句子（包括长单句和多重复句）的结构分析，而这又直接涉及对句子的理解等。语文知识往往有助于理解。在这样的地方组织学习，既有利于阅读，也有利于语文知识的学习和运用。

第三，在精彩处学习。文中的语句特别精彩之处，往往是作家炼字炼句特别着力之处，也是语法修辞运用得最为精妙之处。在这样的地方组织学习，启发学生去揣摩、体会，既有助于学生对内容的理解和感悟，也可以使学生切实感到语文知识的重要。

运用这一原则，一定要做到心中有数，不能碰上什么教什么。要注意整体规划，避免随意性。

三、语文知识教学的方法

(一) 陈述性知识的教学

语文课程中的语法修辞等知识属于陈述性知识，而陈述性知识是以概念和命题的形式出现的。学习心理学研究指出，获得一个概念至少应该包括四个部分：一是概念的名称，二是概念的定义，三是与概念有关或无关的特征，四是可以说明这个概念的正例和反例。据此，教学概念的方法应当注意以下几个方面。

第一，向学生呈现足够数量的有关某一概念的正例，引导学生仔细观察，从中抽取它们共同的本质特征，再以准确的语言归纳出一个命题，揭示出概念的定义。

第二，突出概念的本质特征，控制概念的非本质特征。

第三，恰当地运用反例。反例传达的信息有利于学生在辨别中加深对概念定义的理解。

第四，引入变式进行比较。变式指的是概念在非本质方面的变化。

第五，在言语实践中运用概念。运用概念是知识的具体化，可使概念得到巩固和深化。

有关语文知识概念的学习，往往不是一次完成的，而要经历一个过程。在掌握了某种概念以后，还要十分重视在言语实践中加以运用。

(二) 程序性知识的教学

程序性知识主要反映活动的过程和步骤，主要用于指导实际操作。言语规则指导言语技能的形成，是一套可直接作用于客体对象的操作步骤和程序，属于程序性知识范畴。这一类知识虽然要求有行之于外的动作，但主要是作用于学生的心智活动领域。依据教育心理学的研究，心智技能的形成应经过原型定向、原型操作和原型内化三个阶段。

原型定向中的"原型"指的是心智活动的"原样"，即外化了的实践模式。原型定向，就是让学生了解合乎法则的心智活动实践模式的结构，了解活动的方向和要素，知道先做什么，后做什么，怎样才能完成这些动作。换言之，原型定向阶段就是让学生了解程序性知识。

原型操作，就是让学生把在头脑里建立起来的活动程序计划，以外显的操作付诸实施。

原型内化，就是将心智活动的实践模式向自己头脑中转化，变成观念性的、简缩性的、内潜性的过程，以便能够广泛地适用于同类课题。

(三) 策略性知识

策略性知识也是一种程序性知识，其教学过程和方法应符合程序性知识的学习规律。也就是说，教给学生一种学习策略，要先让学生了解学习策略的结构、要素、步骤和程序。策略的教学应在具体的学习情境中进行，即学习和应用策略离不开具体的学习内容。每次只教少量策略的效果较好。在教策略的同时要教学生进行自我监控，让学生知道何时、何处应用这个策略。同时，应坚持长期策略教学，要注意维持学生学习策略的动机，需要使学生明白，优良的成绩常常是应用正确策略的结果。

记笔记有助于学生集中注意力，有助于学生发现和构建新旧知识之间的联系。目前我国中小学教育对笔记的理论研究和实践运用都明显不足，尤其是对于学生笔记的指导，依然是随意而零散的。

此外，语文课程中还有大量人文知识的教学。人文知识虽一般不归入语文知识的范畴，但它是语文教学的重要内容。人文知识的教学需要一种真诚、自由的教学氛围。在这种氛围中，学生才能够撕破日常生活中的伪装面具，审视和检查自己已有的生活经验，逼视和拷问自己的心灵世界。人文知识的教学还需要一个宽松、开放的思考空间。在这个空间里，学生才能毫无畏惧地反省、体验和表达自己的所思与所得。因此，在人文教育当中最忌灌输和绝对化，任何虚伪、权威和强制在人文教学中都是应该摒除的。

第二节　语文综合性学习

一、语文综合性学习的内涵

语文综合性学习概念提出的时间虽然不长，但已有多种说法，概括起来有这样几种观点：第一种观点认为，语文综合性学习是对语文学习内容和学习情境的拓展与更新，它不仅要求针对教室的教学环境来设计、组织、管理全班的教学，而且要善于以"社会为课堂"，以"校园为课堂"，以"家庭为课堂"，甚至以"大自然为课堂"来策划、设计、组织教学。第二种观点认为，语文综合性学习是一种综合性、生活化、经验性、个性化的课程，语文综合性学习的方式有三种，即问题——解决，观察——表达，活动——探究。第三种观点认为，语文综合性学习在本质上是综合性言语实践活动，具有丰富的课程内涵，集中体现了"自主、合作、探究"的现代学习理念。第四种观点认为，语文综合性学习是语文学习方式，也是语文课程形态，以培养学生创新精神和实践能力为主要目标，以学生自主、合作、探究学习为基础，强调学生在教师的指导下通过自我体验、实践、探索形成语文素养。

鉴于以上对语文综合性学习各种观点的思考，我们认为语文综合性学习是体现语文课程综合性、实践性特点的学习方式。这种方式注重学习实践过程，注重课堂内外的联系，注重学生学习潜能的激发，有利于调动学生已有的经验，让学生在广阔的空间里学语文，用语文，有利于学生语文能力的整体提高。

二、语文综合性学习的理念

语文综合性学习要求学生在活动中全面提高语文素养，既不再刻意追求语文知识的系统性和完整性，也不单纯追求某一目标。在实际操作中，体现学生对知识的综合运用和发现新知识。其基本理念有：整合教育思想，实践教育思想，自主教育思想。

（一）整合教育思想

语文综合性学习的整合教育思想主要表现为学习内容的综合性，学习方法的多样性，学习功能的整合性。

（1）在学习内容上，主要体现为语文知识的综合运用，听说读写的整体发展，语文课程与其他课程的沟通，书本学习与实践活动紧密结合。它着眼于学生的生活领域、自然领域和社会领域。其目标包括：用口头或图文等方式表达自己的观察所得；用口头或图文等方式表达自己的见闻和想法；书面与口头结合表达自己的观察所得；尝试用语文知识和能力解决简单问题。热心参加校园、社区活动；在活动中学习语文，学会合作；学习辨别是非善恶；体验合作与成功的喜悦；关心学校、本地区和国内外大事；结合语文学习，观察大自然，观察社会；在家庭生活、学校生活中，尝试运用语文知识和能力解决简单问题；为解决与学习和生活相关的问题，利用图书馆、网络等信息渠道获取资料，尝试写简单的研究报告；策划简单的校园活动和社会活动；能提出学习和生活中感兴趣的问题，共同讨论等。

（2）在学习方法上，提倡自主、探究、合作的学习方式，即运用科学探究、发现学习、资源学习以及小组合作、独立探究等方法，适当利用课程资源。不再单纯由语文活动或情境模拟来达成某项能力的提高，更为注重在实际情境中、社会实践中、生活体验中养育人文素养和综合素质，达成全面发展的目标。有关目标如下：有目的搜集资料，共同讨论；对所策划的主题进行讨论和分析，学写活动计划和活动总结；选出研究主题，制订简单的研究计划，从报刊、书籍或其他媒体中获取有关资料，讨论分析问题，独立或合作写出简单的研究报告。

（3）在学习功能上，致力于培养学生的创新精神和实践能力。综合性学习不注重一个标准答案，而是关注学生的学习过程即学生参与探究、参与实践、参与反思的过程。在这个过程中，学生会产生创新思维的火花，锻炼实践活动能力，培养创新能力。学生的兴趣爱好、情感态度、价值观、创新意识、合作精神、科学态度、科学道德得以培养，并能增强对他人、对社会的责任心和使命感。

(二) 实践教育思想

实践教育思想是指学生在实践中综合运用语文知识，整体发展听说读写的能力，沟通语文课程与其他课程，紧密结合书本学习与实践活动。语文综合性学习要求学生在实践过程中，产生强烈的探究兴趣。实践综合性学习的课程目标一般不是指向某种知识或能力的达成度，而是提出一些学习的活动及其要求，主要指向"过程"。关注过程实质上就是关注隐性目标、长远目标，关注学生对学习活动的参与及参加程度。学生有强烈的参与意识和合作意识，积极参与到活动当中，善于与他人合作，这是综合性学习的保证。综合性学习在实践过程中重方法、重体验。

(三) 自主教育思想

自主教育思想是指主要由学生自行设计和组织活动，特别注重探索和研究的过程。这是因为基础教育的一个重要目标是要培养学生自主、独立的学习习惯和能力。而在此前的语文教学中，学生被置入预设的框架和情境之中，教师和教材的双重限制使得学生的学习带有明显的他主性、被动性。语文综合性学习正是为了克服这一缺点而实施的。

语文综合性学习具有广泛的内容和多样的形式，能适应学生群体能力的多元倾向和学习方式的多样性。因此，综合性学习与其他板块的等价实施，才是真正体现了关注每个学生主体成长的素质教育观。

三、语文综合性学习的指导原则

(一) 恰当处理学生的自主选择，主动探究与教师的有效指导的关系

语文综合性学习将学生置于一种动态、开放、多元的学习环境中，学生在教师的指导下自主设计、自主探究，发掘利用课外、校外的语文学习资源，活动是自主的。尤为重要的是，课文中的综合性学习专题，是围绕语言、文学和文体三个方面设计的；它是课内学习的延伸与拓展，旨在引导学生观察语言、文学和中外文化现象，于习以为常的事实和过程中发现问题，培养探究的意识和能力；它是为学生提供活动情境、途径和广阔的天地。教师的职能，首要的是组织和管理，其次才是指导与引导。

(二) 恰当处理统筹规划与展开过程中的生成性目标、生成性主题的关系

在理想的课程实施中，每一所学校都应当根据本校和所在社区的特色推出三类相互衔接的计划，即"学校综合实践活动计划""年级综合实践活动计划"以及"班级综合实践活动计划"。由于语文综合性学习是过程取向的，它强调学习者与具体情境的交互作用。因此，语文的综合性学习在考虑本学科及目标的前提下，也要与以上三个计划相衔接，有所呼应，随着活动过程的展开和综合性学习的需要不断生成新的目标与主题。

与此同时，学生在与教师的交互作用中也含有自主的目标，随着问题的解决和兴趣的满足，学生还将产生新的问题、新的价值观和新的结果的设计。正是由于教育价值、目标的不断生成性，要求教师充分利用综合性学习的特点，依据学生发展需要，抓住教育时机，用好课程资源，善于及时对教学目标进行调整。比如，语文综合性学习常常要与家庭生活发生密切的联系，这就便于形成学习生活化和生活学习化，给思想道德教育、审美教

育、情感教育等提供极好的契机和生动丰富的教育资源，也给教师提出了值得关注的深层问题。

有效实施语文综合性学习，要求语文教师能意识到未曾预先设定的目标与主题产生矛盾的可能性，并肯定其存在意义，语文综合性学习应特别强调在活动展开过程中产生的生成性目标与生成性主题的核心地位。

（三）整合校内、课内学习资源和课外课程资源

无论是课内学习资源还是课外课程资源都来源于学生的生活领域、自然领域和社会领域。学生的社会领域涉及学校生活活动、家庭社会活动、生活技能训练、生活科技等方面；自然领域涉及人口与生存、环境与资源、动物、植物保护以及人类健康与疾病等；社会领域涉及社会或社区的历史变迁、社区文化、社区经济、社区政治、科技与社区发展、人与制度等方面。因此，语文综合性学习要选择既能体现课程特色，又能结合现有课程资源，以主题或项目的形式，整合课内学习资源和课外学习资源。这是语文综合性学习整合性和开放性的内在要求。

（四）整合信息技术与语文综合性学习的内容和实施过程

信息时代的语文综合性学习就是要把信息融入学习内容和实施过程之中。

1. 教师和学生可以把信息技术作为演示工具

使用现成的计算机辅助教学软件或多媒体素材库，选择其中合适的部分用在综合性学习中；也可以利用POWERPOINT或者一些多媒体制作工具，综合利用各种教学素材，编写自己的演示文稿或多媒体课件，清楚地说明综合性学习的结构，形象地演示其中难以理解的内容，或用图标、动画等展示动态的变化过程理论模型等。

2. 将信息技术积极运用于综合性学习

将网络技术等信息技术积极运用于综合性学习的实施过程，以拓展综合性学习的时空范围，提升语文综合性学习的实施水平。

网络技术提供的资源环境可以扩充教学的知识量，开阔思路，接触到百家思想。学生在丰富的资源环境中学习，在筛选信息的过程中，实现对事物的多层面的了解，增强获取信息、分析信息的能力。各地区、各学校应当创造条件建立校园网、地区的局域网，为学生进行跨班级、跨学校的合作指导提供条件。

四、语文综合性学习实施的基本程序

了解初中语文综合性学习的设计特点后，就要开展具体的实施。在初中语文综合性学习活动中，教师可以按照实施的基本程序，结合具体的活动内容，来进行组织、指导和实施，从而更有效地发挥综合性学习的作用。

一般来说，初中语文综合性学习实施的基本程序是：确立主题——制定方案——实践探索——展示交流——评价反思。但这一程序并非固定不变，在不同类型的语文综合性学习过程中可有不同的侧重点。

（一）确立主题阶段

要有效地开展综合性学习，就要对学习的主题有精确的把握。所谓语文综合性学习的主题，就是语文综合性学习的题目（或称课题），也可以说是语文综合性学习在特定时间和空间条件下要解决的核心问题，是综合性学习活动所要解决的具体内容，它始终贯穿于语文综合性学习活动的全过程。毋庸置疑，语文综合性学习和实践的机会无处不在、无时不有，但并不是所有的课程资源都可以纳入语文综合性学习的视野中，应该有所选择和提炼。因此，如何确立一个适宜综合性学习的主题，是语文综合性学习得以具体实施的关键所在。

1. 要注重挖掘语文教材，开展语文综合性学习

语文教材是实现语文课程目标、促进学生语文素养全面发展和提高的最基本、最便利的资源，其中蕴藏着丰富的综合性学习的主题，有待教师和学生去挖掘。

首先，要充分利用语文教材中已有的主题。综合性学习领域的设置，是新课程改革下初中语文教科书的一大特色和亮点。翻开教材，阅读关于综合性学习的内容，能够感受到为学生构建的一个个丰富多彩的语文世界，为综合性学习活动设置了话题或课题，这个话题或课题就是综合性学习的主题。

其次，积极融合语文学科本身的知识。除了从单篇课文中寻找主题，还可以从整体上着眼，将课文之间、单元之间、册与册之间的知识融会贯通，生发出综合性学习的主题。如学生学习过许多古诗文，但对古代作品有怎样的理解？学习中还有哪些问题和困惑？针对这样的问题，教师就可以提出相关主题：学习古人的作品有什么意义？你喜欢唐诗还是宋词，或者其他时代的诗词？指导学生把学过的某一位古代作家的作品梳理出来，可以以"我的古诗文阅读"为题，让学生带着这些问题去设计与开展综合性学习活动。因此，语文综合性学习的内容就可能得到丰富与充实，古诗文的教育价值也得以实现。

2. 要注重整合课程资源，促进语文综合性学习

在学习内容上，要关注和利用自然、社会生活等领域的资源，善于从中获取主题。有许多已知的和未知的问题等待同学们去阅读、去研究。因此，教师要鼓励学生细细观察、多多思考生活中那些令人感兴趣的事物，以及社会上的焦点、热点问题等，以拓展学生语文综合性学习的主题范围。

如世界杯足球赛成为热门话题时，教师就可以引导学生以此为主题开展专题性活动：收集资料——历届世界杯赛要闻、球星小档案；分析球况——综合各种信息，对本届赛事进行预测；评论战事——收集赛事，自选角度发表评论；分析球迷心态——通过采访，了解球迷的各种心态，进行分析，还可编辑"世杯赛"快报、"赛事综述"等。这样就将纯粹的观看球赛演绎成了一次连续性的语文综合性学习活动。在活动中，学生需要阅读、采访、聆听、记录，在收集处理信息的同时，自己的内心也会剧烈地跳动，体验会格外真切，能够有效积累语文素养。

当然，上述所说的并非是语文综合性学习主题确立的全部。在日常教学和社会生活中，只要处处留心、时时留意，就会发现语文综合性学习的资源无处不在。做生活的有心人，一定能发掘出更多更精彩的学习主题。教师在此阶段除了要教会学生寻找主题的方法外，还必须掌握主题确立的依据，即要考虑到学生的兴趣和实际情况、主题的价值以及主题的可操作性等问题。

(二) 制定方案阶段

确立综合性学习的主题之后，就进入了研制活动方案阶段。活动方案是开展综合性学习活动的必要前提，是整个活动的凭借蓝图。通常来说，一个完整的活动方案一般包括三个方面：做什么、怎么做以及将形成什么样的研究结果。具体来说，包括课题名称、指导教师、课题组成员及分工、课题的意义与价值、研究的目标与内容、活动的时间安排、预期的成果及其呈现方式、可能遇到的问题或困难等。同学可广开言路，共同策划，达成共识，形成方案。此阶段教师的作用主要在于指导。在指导学生研究设计的时候，要明确三个问题：①做什么？对综合性学习研究的问题的确定；②如何做？师生活动的方式方法；③期望的结果是什么？无论采用哪种方式开展综合性学习，教师始终都应该充当学生综合学习的讨论伙伴、提供咨询的重要角色，并且是做出决策的主要参与者。

(三) 实践探索阶段

这是在制定方案的基础上，开展实施过程的阶段。需要落实完成的内容为：①如何进

行小组分工与合作？每个人应做好自己的事情，承担自己的责任；②应具有团队意识，沟通交流，互帮互学；③强调组长的作用，处理好组长与组员的关系。此阶段是整个语文综合性学习的重要环节，强调全局意识、体验意识，要善始善终。

此阶段教师的作用在于引领和调控。在活动过程中，教师要做到不干扰，但要了解活动进展情况，发现问题及时进行调控。教师要鼓励支持学生大胆研究、敢于质疑、发表见解，还要做到因材施教，对具有不同学习特点的学生给予不同的指导。同时，教师要指导学生做好过程性材料的积累，如文字记录、录音、图片、视频等，记录自己的体验、活动的环节，并加以总结，为评价提供依据。

（四）展示交流阶段

主要进行的内容是：①如何写总结报告？充分利用实践探索阶段的资料素材，以案例做支撑；②展示交流的途径方法有哪些？展示交流要基于总结报告。设计展板，故事分享，演讲、辩论、讨论等多种形式。可以找一些案例，用实例说话。在合作、交流中，学生要学会理解和宽容，学会分析、思考和申辩。

此阶段教师的作用是引导学生交流与分享学习的成果。展示交流阶段是对学习活动成果的验收检验、展示交流的过程，是学生体验获得新知、克服困难以及品味成功快乐的过程，其知识、能力和情感都会得到展示与提高。同时教师也要对本次综合性学习活动中存在的问题和不足，与学生进行交流，提出自己的建议与看法，更要反思自己在学生活动过程中的指导情况。

（五）评价反思阶段

此阶段是整个学习活动的收尾阶段。主要是对此次学习活动的过程、作用和收获进行总结与评价。内容包括：对本次活动中自己的参与程度、合作态度、情感体验、创新意识、实践能力等方面的总结和评价。评价的方式有：自我评价、小组评价、教师评价和家长评价等。强调参与和互动，自评与他评相结合，评价主体的多元化。注重发挥评价的反馈和激励作用，把评价过程变成学生主动参与、自我反思、自我发展的过程。

教师在此阶段的作用是参与和指导。虽然教师有责任和权利对学生进行评价，但是教师评价要从指令性要求转向主体参与的互动评价，成为学生学习的组织者和促进者，真正实现教师角色的转变。同时要指导学生对综合性学习进行评价，教师对学生自我评价的指导可以从以下几个方面入手：

（1）让学生对综合性学习的目标、过程和效果进行反思；

（2）让学生自我评价，对自己的参与程度和情感状况进行反思；

（3）评价自己在综合性学习中情感态度、思维品质、知识素养以及独立探究的能力和与小组合作的精神。

总之，评价的目的在于培养学生创新精神和实践能力，让学生看到自己的进步、感受到成功的喜悦、激发新的学习动力，促进其全面发展。

第三节　语文学法指导

语文学法指导在现代教学中具有不可替代的作用。教师应在语文知识学习、语文能力、智力、审美修养、品德修养等方面明确指导目标，知晓学习指导目标的最低达成度。要让学生掌握语文课堂预习、听课、记课堂笔记、练习和复习等常用学习方式方法，掌握学习迁移的方法、记忆的规律和方法、考虑多种思维的方法等，掌握识字写字、阅读、作文、口语交际、语文综合性学习等指导的原则与一般方法，了解语文学法指导的途径，以有效提高语文学习的效率。

一、语文学法指导的含义与目标

（一）学法的含义及其特点

"学法"是相对于教法而言，概念有狭义和广义之分。狭义的学法，即学习方法，是指人们在学习中遵循一定的学习规律，为获取知识和能力而采用的手段和方法。广义的学法，是指学习应该遵循的法则，包括认识学习规律、掌握学习方法、培养自学能力三个方面。认识学习规律，是指了解专业知识的逻辑性，懂得举一反三与触类旁通的道理；了解人脑的生理特点和个体的心理特点，懂得思维和记忆能力的作用。掌握学习方法，是指能从理论和实践上把握为解决具体学习问题而利用的手段，能以积极的学习方式，进入解决问题的过程。培养自学能力，是指学生在没有教师直接参与的情况下，能够以自己为主体，运用已掌握的知识、技能等去探求未知的新知识。

由于广义的学法大于"学习方法"这一概念，因此，学法具有如下特点。

1. 学习自主性

学会学习的学生，学习的自主性强，不再依赖教师的讲授，而是主动要求自己不断提高独立学习能力。自主学习能够使学生更快捷地获取最新知识，形成语文能力，为养成自主学习能力、独立学习能力和解决问题的能力做好准备。实现自主学习的途径是：学生要学习目的明确，具有较强的学习自觉性；要主动争取教师的指导，培养自己独立获取知识的能力；要学会自觉设计问题，并强迫自己去解决问题，以促使自己不断进步；要跟同学相互督促与激励，增强自己的学习自主性。

2. 善于自我判别

充分地认识自己，根据自己的长处和不足扬长补短，是学会学习的要素。善于自我判别，才能有针对性地确定学习目标，制订自己的长远发展计划。自我判别，首要的是了解认识自我的主要内容：掌握自己的生理心理发展基本特点，了解自己是长于记忆还是善于推理，是机灵还是反应迟钝，是浮躁还是稳重等。认真分析后发扬长处，改掉不足。其次，要了解自己的语文基础知识及语文能力发展情况，注意查漏补缺，同步发展。再次，要了解自己的兴趣爱好和情绪意志，清楚自己的兴趣所在，有意识地培养自己利于今后发展的兴趣爱好，善于调节自己的情绪，通过意志来控制自己的情绪，养成学习的自觉性、果断性、自制力和坚韧的精神，以自觉地支配和调节自己的学习行动，从而获得良好学习成效。

3. 学习动机内趋化

学习动机具有定向作用、维持作用和强化作用，是推动学生不断学习和进步的力量，能够鼓励学生克服困难，以顽强的毅力实现学习目标。内在的学习动机主要来自学生对知识的渴望与追求。在要求人们终身学习的现代社会中，能学习、会学习，保持旺盛的学习热情和高昂的进取精神，是学习动机的应有功能。学生应该掌握增强学习动机的方法：树立正确的学习观和远大的理想，激发高尚的学习动机，强化内部动力；培养浓厚的学习兴趣，使自己产生强烈的好奇心和求知欲望，具有学习的推动力量；保持饱满的热情、稳定的情感，以维持长久的兴趣，不断克服学习困难，防止不良情绪的出现干扰学习动力。

(二)语文学法指导的目标

语文学法指导应该明确要达到怎样的目标，即教师应该知晓对学生某方面的指导最低应该达到何种程度。学法指导的目标包括：语文知识学习目标、语文能力目标、智力目标、审美修养目标、品德修养目标等。

1. 语文知识学习目标

语文知识学习目标包括现代汉语知识、古代汉语知识、各类文体读写知识、文学史常识、文学体裁知识、文学鉴赏知识、文化常识等。语文知识的学习是语文能力形成与发展的基础。

2. 语文能力目标

语文能力目标包括识字写字能力、阅读能力、写作能力、口语交际能力、语文综合性学习能力以及自主学习能力等，是学法指导的重点。其中读写能力与口语交际能力是核心能力，是一个人语文修养水平高低的主要标志。自主学习能力的养成是语文教师指导学生语文学习的最高境界，即能力目标的达成。

3. 智力目标

智力目标包括观察力、记忆力、联想力、想象力、思维能力等，其核心是思维能力。因为语言和思维有着相辅相成的关系，在语文教学中培养学生的思维能力有着得天独厚的条件。教师应该充分利用这种条件，在培养学生语言表达能力的同时，培养其内在的思维能力。

4. 审美修养目标

审美修养目标包括两个方面：一是审美知识，指学生能够了解文本中的自然美、社会美、艺术美、建筑美等基本美学知识；二是审美能力，指审美感受力、审美鉴赏力、审美创造力等。教师利用语文教学内容中的审美因素教给学生一定的审美知识，培养其审美能力，这符合语文课程标准的要求。

5. 品德修养目标

品德修养目标包括三大方面的培育目标：一是学生的政治思想修养，包括学生的世界观、人生观，政治信仰与政治觉悟，民族意识和爱国精神等，是人的基本修养；二是道德品质，是学生对人们共同生活及其行为的准则和规范的态度及遵守程度；三是个性心理品质，包括学生学习语文的兴趣、情感、意志、性格等。

二、语文学法指导的原则

要想让学生正确而有效地掌握各个领域的学习内容，教师必须把握住如下基本指导原则。

(一) 帮助学生确立明确的学习目标，选择学法

这是掌握学习方法的出发点。学习目标是人们预期的学习结果、学习行为的指南。明确而稳定的学习目标，具有导向和激励作用。学生在明确的学习目标指引下，才能精力集中、思想专一、决心增大、意志坚定，向着既定学习目标不断努力。想要成为作家的学

生，不会去练声乐；想要成为书法家的学生，不会丢下楷书、行书练习去练写作。有了明确的学习目标，学生就会想方设法寻找实现目标的手段和方法，从而使得学法的掌握有了努力的方向。

（二）提醒学生做好语文"双基"准备，掌握学法

实现学习目标不是一件轻松的事情，要受许多因素的影响，其中很重要的一点是语文基础知识和语文基本能力的储备。"双基"储备是学会学习必备的条件。基础越扎实，就越能帮助学生认识学习规律、掌握学习方法。任何现在适合于学生自身的学法，都是在他原有学习基础上形成的，都是学习者原有学法的一种进步。基础越好，新阶段的学法就越能发挥其提高学习效率的作用；基础差，则会制约良好学习方法的形成。掌握学法，必须先做好语文知识和技能方面的准备。

（三）交给学生学用结合的具体方式，检验学法

学习与获得学法的最终目的是运用。指导学生掌握学法，必须理论联系实际，把学习与运用有机结合起来。学法的获得离不开学习实践，在学习过程中又会检验学法的正确性和效用，不断完善学法。在学习中，学生必须做到：将书本知识和自己的学习实际紧密联系，在学中用，不断改进学法；要反复练习，学以致用，使学法的掌握在熟练中生巧。

（四）注意学思结合与学习能力的提高，反思学法

学贵有疑，学则须疑。于无疑处有疑，才能进步。对自己已经掌握的学法，要有积极的批判精神，不可墨守成规，守着固有的学法不放。要学思结合，在使用已经成型的学法时，要经常从其他侧面或反面考虑，该学法有无不足和缺陷？还能做哪些方面的改进？要勇于向权威挑战，不盲目崇拜名家。充分调动智力与非智力因素参与质疑，养成善于质疑的习惯。"学而不思则罔，思而不学则殆。"学与思结合，才能不断提高自己的学习水平。

三、语文学法指导的途径

语文学法指导，可以从语文课堂、语文课外两个方面进行。

（一）语文课堂学法指导

学生学会学习，应从课堂学习开始；教师的语文学法指导也应该从课堂开始。因为课堂教学是语文学习的主阵地。针对语文课堂的预习、听课、记课堂笔记、练习和复习等几种学

习方法，教师的指导必须做到：预习指导须重视、听课笔记要抓牢、复习指导显高效。

1. 预习指导须重视

预习指导与方法选择的出发点是：培养学生的自主学习能力，养成良好的阅读习惯和方法。依据预习指导的内容范围，提出如下指导方法要点。

(1) 泛读指导

指导泛读课文，就是指导学生通览全文，对课文有个初步了解。这是阅读课文的第一步，正式授课前的准备性学习。其预习效果的好坏，直接影响到以后几个阶段的学习成效。这个阅读教学的起始阶段，与精读、复习相比，没有独立地位，看似容易实施，却不易见到成效。不少教师不予重视，往往只在新课开始说一句"今天回去后大家预习预习新课"就算是布置了预习任务。结果，学生这样"预习"了好几年，还不知道该预习什么内容和怎样预习。泛读指导的具体内容有：指导学生初步熟悉课文，把握课文的大意或故事梗概，确定阅读此文的基本态度和情感，而不是对细节的深究；指导学生思考课文标题，考虑文题与文章思想内容之间的关系，从而促进学生对课文思想内容的理解，使阅读沿着确定的大方向顺利发展。

泛读指导有两个要点：一是设法激起学生的阅读兴趣，吸引其注意力。教师要边指导泛读，边细心观察和了解，学生是否产生了阅读兴趣？兴趣源是什么？是怎样的兴趣？注意的指向性怎样？二是指导学生利用已有的生活经验，与课文所描写的内容寻求联结。如果学生没有或较少有相关的经验，就要在这个阶段设法去取得相关的经验；或组织课前观察，分组观察和个人观察结合，分项观察和综合观察结合，做好观察记录，课上报告观察的结果。

(2) 生字词学习指导

指导认识生字词，就是让学生自行找出并解决生字词，学会使用字词工具书。指导的目的是增加学生的识字量，丰富词汇储备，能较为顺畅地泛读。为达到此目的，必须重视工具书的使用指导。因为它有极其重要的教育作用：能培养学生的自主学习能力，养成自觉学习、主动查考的习惯；能够让学生掌握确切无误的字词知识，扩大字词知识面，有助于培养严谨求实的学习态度；利用工具书对多音多义字词的辨识，能培养学生的分析和判断能力。

生字词学习指导，有三个方法：①自挑自查法。无论新课学习的生字生词有多少，都要让学生自己挑选出来，自查字词典解决。为避免重要的生字词有遗漏，教师可做些必要的提示性指导。②语境解词法。对多音多义的字词，必须让学生借助工具书，寻求其在特定语言环境下的含义和读音。③试解试析法。学生感到解释有困难的生字词，教师应鼓励其试解试析，在必要时才由教师解释，不可图省时省事而包办代替。

（3）工具书使用指导。

工具书使用指导，应注意以下三点：①要介绍工具书知识。如常用的《新华字典》《现代汉语词典》《古汉语常用字词典》等的编排体例、查检方式、各自特点等方面的知识。还要介绍图书馆、资料室的利用知识，如图书分类、书目的索引查找方法等。②要教给学生工具书的使用方法。低年级主要是教常用字典的使用方法，侧重笔顺排检法和音序排检法的学习。高年级可教一些常用词典和专门性字词典的使用方法。③最重要的一点，要在预习过程中实际训练学生使用工具书。要利用各种机会，进行经常性的训练，使学生养成利用工具书的习惯。在基本会用的基础上，应加强熟练程度的训练，以不断提高学生使用工具书的能力。可展开查字词典比赛等活动，来激发学生学习的兴趣。

（4）预读思考指导

指导学生的思考，即给学生提出一些预习思考题，或直接让他们思考课文的题目，参照提示、注释，边阅读边思考。其目的是促进学生对文章内容大意的理解，以及对作者写作动机和观点的把握。

预读思考指导，要注意思考题的提出艺术。问题应有一定的启发性、针对性，能促进学生思考能力的发展。问题不能过多，也不能太少。应围绕教学的重点、难点提一些精要的、有纲举目张作用的问题。理解文题，可指导学生做一些题目替换练习，或直接问学生"为什么非用这个文题，而不是别的"，以此激发学生的预习兴趣。

（5）作业指导

指导预习作业是人们不太重视却是能取得成效的预习措施之一。语文教师往往只布置少量的口头作业，或在学生简单地朗读和默读课文之后，就直接转入课堂教学的中心环节。结果，预习流于形式，泛读的质量得不到保证。应加强这方面的指导，以保证预习的质量。

给学生布置作业，这是促使学生理解课文大意的一项必要措施。作业的形式不应只限于口头，还应有适当的书面作业。如让学生在课文中标记生字词或重要的字词句，标记给自己留下最深刻印象的地方，以及理解上的疑难之处等。翻查工具书及参考资料所得的结果，也应在课文相应的地方做上标记，以养成不动笔墨不读书的良好习惯。

2. 听课笔记要抓牢

听课，是课堂学习的中心环节。对学生的听课应该主要抓以下几个方面。

（1）听课的指导要点

①随时提醒学生听课要保持高度集中的注意力

上课时，要有目的地听讲，带着自己在预习时遇到的问题听课。要把自己的理解与教师的讲解内容进行对比，纠正自己主观理解的错误，加深对新知识的理解和记忆。同时，要避免养成不良的听课习惯：走神——即人在课堂心在课外的现象；追求有趣——只对趣味性强的课感兴趣，不愿意听说明文等趣味性差的课；只听不记——或只记不听；偏听——只关注教师讲课的例子和事实，不注意教师所阐述的观点，更忽视教师是如何用事实来说明观点的；浅尝辄止——不愿意多动脑筋进行深入思考；挑剔——先入为主，认为教师讲得不好，不去认真听教师所讲的内容。

当学生出现走神的情况时，教师应该用各种方式把学生的注意力"抓"回来。比如采用不影响大多数学生听课的眼神点示法、身姿体态提示法等。当学生只听不记，或只记不听时，用明确的语言要求学生听或者记。当学生只关注教师讲课的例子和事实，不注意其所阐述的观点时，启发学生思考：教师是如何用事实来说明观点的。当学生对应当探究的问题浅尝辄止时，要求学生再多动脑筋深入思考。

②鼓励学生主动回答问题

对教师提出的各种问题，应该主动回答。尽量争取让教师单独听答，以获得课堂上宝贵的个别指导的机会。如果总是人云亦云，跟在别人的后边回答，难以锻炼自己的思维能力。抢着回答问题，能够促使自己大脑细胞活跃起来，练习思维的敏捷性。

对总爱跟在别人的后边回答、少有自己的观点的学生，要求他们尽量用自己的话回答问题。对很少发言的学生，给予更多的参与讨论和当众发言的机会。

（2）听课笔记指导要点

记笔记是课堂学习中把握重点、理清思路、集中注意、巩固记忆的有效方法。

①记笔记的内容。可以是教师的讲课提纲、解疑思路、重要的概念、问题的推导过程、自己受到的启发、产生的联想等，也可以是别人与自己的理解不一致之处。对教师总结整节课的课堂小结，对整个学习内容的系统归纳和概括语言，都应该及时记录下来。记录要简明扼要。

②课堂笔记的方法。笔记可以记在专门的笔记本上，也可以记在课本上。不论记在哪里都要条理清楚。应该记得言简意赅，不能记得太细，企图把教师的讲课内容都记下来，这样既耽误了听课，又可能使笔记纷乱复杂，缺少清晰的线索。比如分析文中人物的语言、动作、心理等，可以在文本中相应的地方只做符号，或者记"心理描写"字样。文字最好记在文本的上下左右的空白处，不宜写在文字行间，那样不易辨识，也不美观。记笔记，要以听为主，以记为辅。不可只记不听，也不可只听不记。

③课堂笔记应及时整理。当堂记录的学习内容，由于时间紧，难免有这样或那样的缺

漏。下课后，最好能及时回忆，把笔记整理一番，以补各种缺漏。可以采用补、改、编、舍、分的方法进行完善，即整理笔记的方法有：补，及时补充内容，完善笔记；改，根据回忆改正笔记中不准确的部分；编，用统一的序号，对笔记内容进行提纲式的逻辑排列；舍，删掉无关紧要的笔记内容；分，给笔记内容进行分类。

3. 复习指导显高效

复习具有预习和课堂学习不可替代的功效，教师应力求高水平的复习指导。

（1）复习指导的内容

主要有两个方面：一是课程内容的各个重要部分（或称要素），二是重要部分（要素）之间的有机联系。复习指导必须研究课程内容的结构。

一般说来，课程内容要素之间是迁移式结构的，就要在迁移规律的指导上下工夫。通过复习，使学生掌握迁移的顺序、迁移的方法，把握迁移的规律，如能归纳共性，完整地表述，运用学过的思路来学习新内容，学习新内容的时候联系已知的内容，或在学习内容上以旧引新等。

课程内容要素之间是综合式结构的，就要指导学生把内容要素联系结合起来，使学习内容的要素点点成线、联络成网。要指导学生在系统化上下工夫，学会整理学习内容的方法，培养综合的能力。如描写人物的方法，经过整理，归纳出有外貌描写、语言描写、行动描写、心理描写、侧面描写等方法，了解了各种描写之间的关系，就是对所学内容的联络成网。

其他类型的课程内容结构，也要按其特点和功能采用相应的方法。如抓特征、下判断进行比较，用"线索"结构各种内容，找出诸多内容中的相同元素归纳其功能，抽象简化，重新分解组合等。

（2）复习指导的类型

可分为阶段性复习、分散复习、专题复习三大类。

阶段性复习，是按我国目前学制及语文科的教学情况来划分的。包括课文复习、单元复习、期中复习、期末复习、学段复习等。复习的类型不同，其内容和要求也有所不同。但各复习类型之间在内容上有包容关系。如单元复习包容课文复习，学期复习又包容单元复习，学段复习包容了前面所有类型的复习内容。

分散复习，是按复习内容的多少来划分的。一般在平常学习中随时进行，故又叫平时复习。它富于经常性，方式灵活。

专题复习，是指对某种知识或能力所进行的专门性复习活动，具有内容和形式上的集中性。

（二）语文课外学法指导

语文课外学法指导，主要是语文课外读写指导、语文活动的指导两个方面。

1. 语文课外读写指导

（1）课外读写指导的意义

课外读写指导，是指教师对学生语文课堂教学之外的阅读写作实践活动所进行的指导。随着社会的发展，课外读写活动成为语文教学的重要组成部分之一。

学生的课外读写活动与语文课堂教学有着密切的联系。学生在课堂上学习的语文基础知识和听、说、读、写的基本能力，学习语文的方法等，通过课外的反复读写实践、运用，能够进一步提高自身的语文能力。学生的课外读写活动，实际上已经成为课堂教学的必要补充和延续，同课堂教学有着同等重要的地位。对学生的课外读写活动进行有效指导，是每一位语文教师都必须具备的教学基本功。有目的、有计划地进行课外读写指导技能训练，对提高自己的教学素养有重要作用。

（2）课外读写指导的基本要求

①端正思想，强化指导意识。教育的最终目的是使学生具有自我教育、自主解决问题的能力。语文教学要把培养学生的读写能力作为提高学生语文素养的重要途径来抓。要改变目前有些学校把阅读课上成讲读课，或阅读课不管不问、放任自流的倾向。初中语文教材中的自读课文，分课内自读课文和课外自读课文。不论是课内的、还是课外的，"自读"都是在教师指导下学生自己读书。课内自读课不应是"教师问、学生答"的自答课，也不应是"学生问、教师答"的自问课，更不能是"学生问、学生答"的自谈课。自读课文不是、也不必讲（教）读。课内自读课不能是讲读课的简化，课外自读不能是教师"撒手放羊"。教师要转变传统观念，把自读课文的指导与课外练笔纳入单元教学的整体设计之中，强化指导意识。

②明确目标，掌握指导方法。课外读写应要求学生依据课文自读提示，在课外自找时间，自选重点，运用课内学习到的知识和能力，自求自得，完成课后习题或自写读书笔记。教师对课外读写的指导主要是布置与检查（包括安排课题、规定时间、提出要求、指点方法、检测效果等）。应该明确读写指导的目标，掌握读写指导的方法。

③勤于实践，探索指导规律。课外读写指导的技巧是个较难掌握的教学技艺。其难点在于对学生自读情况的熟悉和掌握。只有在实际指导中反复摸索，不断总结，才可能逐步提高课外读写指导的水平。课外读写指导与讲读课文的指导一样，都应是有规律可循的教学活动。只要把握住指导的宗旨，不忘学生的主体地位，不失教师的主导作用，不丢学生

自我练习的主线，就一定能摸索出适合于自己的课外读写指导规律来。

2. 语文活动的指导原则

语文活动，是课堂教学的一种形式，具有课堂教学组织形式的班级集体、课时统一等主要特点，与讲读课、作文课、听说课相辅相成，共同实现语文课程标准（教学大纲）的要求。语文活动不是课外活动，它是在教师主导下的学习活动，与学生自主的课外活动不同。

组织语文活动，教师必须注意以下指导原则。

（1）创设活动情境，让学生动手实践。由于受应试教育的影响等原因，现在的课堂教学给学生的实践机会太少。语文教师应该尽最大可能创设活动情境，给学生更多的实践机会，全方位地开展语文训练，使学生学练结合。要让学生真正地"动"起来，不要把活动课搞成讲座课或变相的教师讲授课。

（2）调动学生自主性，发展其兴趣特长。活动课的主角应该是学生，让学生自主活动，充分发挥自己的兴趣与特长，是语文活动成功的关键。教师的指导任务主要是：做活动的组织者，但不包办代替，要让每一个学生都能参与活动；主持活动，但不要包揽活动策划人的所有工作；做学生活动的点拨者，启发引导学生的语文活动向更深层次进行。

（3）活动安排科学有序，提高活动效率。语文活动的安排应该合理、科学，要有由低级向高级、由单一向综合发展的循序渐进安排。各类活动均有不同的优缺点，应因人、因时、因地制宜，交叉安排各类活动，保持学生参与活动的兴趣，防止活动课流于形式，避免追求表面上的轰轰烈烈而学生收获不大的情况出现。要使学生在合理安排的活动中体会进步的喜悦，力避因活动课缺少吸引力而导致高年级学生流失的现象。

◆◆◆ 第四章　初中语文教学方法

第一节　初中语文阅读教学

一、初中语文阅读教学的作用

(一)提高学生认识和理解世界的能力

人类系统的、规范的启蒙教育，都是从识字、读书开始的。文章作品中体现了作者对世界的认识，是作者对人生独到的发现与感悟。通过阅读，人们可以感受到作者的思维，体会作品的韵味，领略到人类思想认识的成果。所以，阅读能使人明智开窍。有人说，阅读是人类通向理性世界的大门。这是不错的。初中语文阅读教学有助于学生发展思维，提高他们认识世界、理解世界的能力。

(二)提高学生的文化品位和审美情操

作品是人类精神世界对包括人类自身在内的客观事物的写照。初中语文阅读教学能够引领学生在课内外涉猎题材广泛、内容丰富的作品。初中语文阅读教学有利于开阔学生视野，增长学生的见闻，提高学生的文化品位与审美情操。学生阅读优秀的作品就是在接受情感熏陶与审美洗礼，其中代表着民族优秀文化和人类进步的那一部分作品，是丰富学生精神世界、提高学生文化品位和审美情操的优质"精神食粮"。

(三)使学生获得文字加工处理能力

阅读能使学生的认知结构、领悟力以及言语能力发生巨大变化，正所谓"读书破万卷，下笔如有神"。通过大量的阅读，学生能积累丰富的语言知识，形成良好的语感，获得文字加工处理能力，这也是语文阅读教学的根本任务。

二、初中语文阅读教学的地位

(一)提供识字写字的基础

无论是进行有效的读,还是有效的写,都必须先有效地阅读。使学生正确理解语言文字与正确运用语言文字是语文教学的基本任务。因此,阅读教学为整个语文教学奠定了书面读写基础。

(二)提供一般知识与能力基础

语文阅读教学能够提供给学生一般知识与能力,这些知识与能力也是语文阅读教学能够顺利进行的基础。这些基础主要是学生在语文阅读教学中获得的。

(三)为口语教学提供练习机会

口语教学虽然自成体系,但在实际教学中也渗透在阅读教学中。教师在进行语文阅读教学的同时,也在进行着口语教学,旨在提高学生的口语能力,并为学生提供口语练习的机会。

(四)为写作教学提供模仿范例

写作离不开模仿与借鉴,而阅读教学正好为写作教学提供了大量可借鉴与模仿的优秀作品。在语文阅读教学中,教师指导学生揣摩作品语言,分析作品写作特点,既能满足阅读需求,又能间接指导学生写作。

(五)提高学生综合素养

阅读教学综合性很强,既能增加学生的知识,发散学生的思维,又能提高学生的审美情操与文化品位,从而提高学生的综合素质。

三、初中语文阅读教学设计的理念

(一)坚持文本作者的创作主体性

多数情况下,文章的作者并不知道自己的作品将会被选入教材。所以,作者在创作的时候,很难有面对初中学生的读者意识。一般来讲,他们只是用自己的语言传递自己的思想情感。而人们在阅读的时候，首先要做的就是要努力探究作者在什么背景下、为什么而写。所以，教师在解读文学作品时，首先应该做的就是引导学生推究作者的写作背景，如作者创作作品时的社会背景、世态人情及作者的个人境遇等情况，以期更准确地把握作者的写作意图，领会作者所要表达的思想感情和作品的思想内涵。

(二) 坚持教材编选者的选择主体性

虽然教师应坚持文本作者的创作主体性在先，但是作品一旦进入教材，就意味着它不仅仅是一个原生文本，它也一定会被编选者赋予新的价值。教师要善于体察、分析编者思想。学生要在教师的指导下，在自身的学习过程中挖掘其作为教学内容的教学价值。教师对教学文本的精研也是课堂教学至关重要的一步。研读教材，才能向编者的思想趋近，才能发挥出阅读教学的最大效用。所以，教师要在所在学段、年级、单元目标的统驭之下正确理解文本。

(三) 坚持语文教师的教学主体性

语文教师不能忽视作者在文本中所想表达的思想情感，但每个读者都能根据自己的感受去理解文本。语文教师感受文本的过程，是其他人无法代替的。解放学生的前提是解放教师。如果教师自身对课文没有深刻的感受和见解，就难以教授学生，难以使学生真正理解文本。教师必须通过自己的感受和理解来参与教学过程。教师不应照本宣科地把知识教给学生，而是应坚持教师在成为一名兼具理性与感性的优秀读者的基础之上，充分发挥自己组织教学的主动性与自由性，因为任何新的理念和方法都必须通过教师本人的接受和理解才能付诸实施，谁都不能代替教师在组织教学活动中的主体地位。教师对文本的感受和理解是在自己人生经历和人生体验的基础上进行的。不同的教师，教学经验不同，面对的学生也不同。因此，教师在教学过程中应发挥自身教学的主体性，不受固定教学模式的限制。

教师应发挥自身优势，把自身的优势应用到教学中。语文教学中，教师如果没有个性，教学就不会有鲜活的生命。此外，学校还应引导学生尊重教师的教学主体性。但需注意的是，学校既不能鼓励学生压教师，也不能鼓励教师压学生。

(四) 坚持学生的学习主体性

教师必须树立正确的学生观，尊重学生的主体性。课堂教学的最终目的是落实到学生的学习效果上的。尊重学生的主体性，应当成为教师的一种深植于内心的教学理念，也是当下课改最为强调的。

在教学活动中，教师只有对学生充满热爱、尊重、理解和信任，才能发挥学生学习的主动性、积极性。教师要善于用亲切的眼神、细微的动作、和蔼的态度、热情的赞语等来缩短师生心灵间的差距，使学生获得精神上的满足，从而建立和谐民主的教学气氛，使学生产生与教师合作的欲望。

教师要注意培养学生的批判意识，激发学生就不同的观点进行交锋。在交锋、讨论和试图说服对方的过程中，学生的观点会更加清晰。教师应经常带领学生对文章进行深刻的、有个性的解读，启发学生思考、辨别，并且鼓励学生展开思想论战。通过这些思想争鸣，教师应试图让学生树立这样的观念：独立思考必然伴随着论辩，而以追求真理为目的的论辩并不是固执己见的强词夺理，也不一定是"非白即黑"的是非之争；平等争鸣的结果是双方认识的互相补充、不断完善和共同提高。教师在尊重文学作品创造者的主体性、教材选编者的选择主体性和自身的教学主体性的同时，还应坚持学生的学习主体性，尊重与发展学生的个性。

(五)追求师生间平等对话

师生有平等的思考权利、发表自己观点的权利，以及与对方展开观点争鸣的权利。针对同一个问题，教师的认识也许更全面、更科学、更深刻，但在表达自己观点的权利上，学生和教师是平等的。教师要给学生表达自己思想的时间和机会，不轻易打断学生的发言，不为了赶进度而忽视学生的质疑，不轻易否定学生的思考。

课堂的真理不是固定掌握在谁手中的。当教师服从学生的正确认识时，与其说是向学生学习，不如说是服从真理，这是教师民主情怀的体现。没有人是完美的，教师对某个问题的理解也会出现偏差。当教师被学生的童言无忌、奇思妙想所启迪时，教师也会成长。

教育的方向和目的以及教师在学生成长中所承担的责任，都决定了在学生的学习过程中，教师不应该作为一个旁观者，而应该成为学生的引导者。教师应建立和谐的教学环境，促进学生合作学习，鼓励学生积极参与，并主动创新。

面对需要引导的话题，教师不应以独裁者自居，发表一锤定音的言论，而是应以真诚的言论，为学生提供更广阔的思路，使其将教师的言论作为参考。只要教师的言论散发出智慧的火花，教师的思想必然会打动学生的心灵，对学生产生积极向上的影响。

当然，在对话过程中，有时学生的言论可能比教师的言论更具真理性。在这种情况下，教师应以平等的姿态，向学生虚心请教。师生之间的商榷并不只是是非之争，更多的时候是互相启发、互相补充和互相完善，只要言之有理，还可以求同存异，甚至不求同只存异。宽容歧见，尊重多元，这也是教师应该引导学生逐步具有的民主胸襟。

四、初中语文阅读教学的策略探讨

(一)改善学生阅读现状

1. 激发学生阅读兴趣

教师应在阅读教学中做到以学生为本，及时更新传统教学观念，调动学生的阅读兴趣，使学生充分发挥主观能动性；应多鼓励和表扬学生，激发学生学习的动力，使学生感受到满足感和成就感；应创造活跃的课堂氛围，使学生身临其境，消除学生的不良学习情绪，使学生更好地理解课文内容，提高自身的阅读能力。

2. 引导学生有感情地阅读

在阅读课堂中，教师应给予学生充足的时间，引导学生有感情地阅读，保证学生有时间训练阅读能力，让学生在阅读中有所感悟，加深对课文的理解，提高学生的认知能力和阅读能力。教师在发现学生出现阅读问题时，应及时解决，加强训练，引导学生反复阅读。

3. 培养学生良好的阅读习惯

教师应积极培育学生养成良好的阅读习惯，提高学生阅读的自觉性；应制订一个详细的阅读计划，引导学生把从阅读中学到的知识与技巧应用到实际生活中。

4. 提高学生阅读理解能力

教师应留出一定的时间，供学生品读课文中的好词佳句，从较深层次去分析课文内容，更好地掌握课文中的知识点，强化学生的语感，提高学生的思考能力和阅读理解能力。

5. 教会学生科学阅读的方法

(1) 朗读和默读：教师应教会学生朗读和默读。教师应不仅能从"读"中判断学生认读的正误、理解的深浅、欣赏品位的高低、探究研讨的精粗，朗读与默读还有助于学生养成眼、脑、口、耳协同动作的良好阅读习惯。

(2) 精读和略读：学生在读书时应先略读一遍，理解文章大意，在精读时做好笔记。经过长期的培养，学生则能做到，略读能提纲挈领，精读能咬文嚼字、纤屑不遗。

(3) 爱读和多读：学生只有达到一定的"量的积累"，其阅读水平、知识水平、人格修养有一天才能达到"质的飞跃"。

6. 加强课外阅读引导

课外阅读是指学生在课外的各种独立的阅读活动，是课外语文活动中最重要、最普遍、最经常的形式，是课堂阅读的继续与扩展，是阅读能力训练必不可少的组成部分。因此，要想真正提高学生阅读能力，教师就必须将课内外相结合，从课堂教学向课外延伸，这是真正让学生走进阅读空间的有效方法。教师需要做的就是帮助学生选择正确的阅读文本，结合有效的阅读方法，培养学生良好的课外阅读习惯，使学生的课外阅读实现利益的最大化。

(二) 优化组合阅读教学方法

初中语文阅读教学方法多种多样，为语文教师提供了更多可发挥的空间，但同时教师也面临着应如何根据教学实际，选择最恰当的教学方法并加以运用的问题。要实现阅读教学方法的优化组合，教师首先要对教学方法的一般特征和选择教学方法的一般依据具有一定的认识。

1. 教学方法的一般特征

第一，教学方法具有依存性。教学方法是实现教学目的的条件和手段，一定的教学方法取决于一定的教学内容，为学生完成一定的学习任务服务，并由一定的教师操作使用，所以教学方法依存于教学目的和教学内容，并受学生学习水平、认知水平和教师的教学水平的限制。

第二，教学方法具有局限性。每种教学方法都既有优点又有缺点，都既有助于实现某些目的，又不利于另外一些目的的实现。因此，不存在适用于任何情况的教学方法，也不存在在任何情况下都是最好的教学方法。

第三，教学方法具有互补性和发展性。某些教学方法的短处恰恰能为另外一些教学方法的长处所弥补。各种教学方法如果配合得当，可以产生优势互补、相得益彰的效应。同时，教学方法也总是在不断更新、完善和发展的。随着人的认识水平的提高和各种改造世界的物质条件或手段的不断完善，教学方法也处在优胜劣汰的发展变化过程中。

2. 选择教学方法的一般依据

第一，选择的教学方法应满足教学目标。教学方法应为满足教学目标、为完成教育任务服务。能实现教学目标的教学方法就是恰当的教学方法，离开教学目标选择教学方法会导致形式主义。

第二，选择的教学方法应符合教学内容。教学内容决定教学方法，教学方法应随教学内容灵活变化。

第三，选择的教学方法应符合学生的特点，贴近学生实际。教师在选择教学方法时应根据所教学生的性格、心理以及认知水平等因素，选择恰当的教学方法。即使是面对同一个年级、同一个班，也要因班级和学生的风格和水平差异，选择不同的教法。

第四，选择的教学方法还应符合教师的特点。每位教师的教学风格各不相同，因此，选择的教学方法应符合教师特点，能发挥教师的优势。

第五，教师在选择教学方法时还应因地制宜、因时制宜，考虑教学设备和教学环境等物质条件。

3. 阅读教学方法优化组合的原则

作为教学方法的一个组成部分，阅读教学方法也具有上述一般教学方法的诸多特征，选择阅读教学方法，也要遵循一般教学方法所遵循的原则，具体有以下几点。

第一，要尽可能想到多种阅读教学方法，以进行综合比较，可选择的教学方法越多，就越能实现优化组合。

第二，要清楚认识每种阅读教学方法的优缺点，在此基础上选出最优的组合形式。

第三，综合考虑选择教学方法的一般依据，所选择的教学方法应符合一般依据，并按照一定的顺序将教学方法进行优化组合。

第四，优化组合的方式要灵活，或新旧搭配、动静结合；或疾徐有致、深浅有序；或一法为主、他法为辅，或多种方法交替并用。教师要综合运用各种方法去调动学生的多种感官和思维，从而达到最大化教学效果的目的。

第二节 初中语文写作教学

一、写作教学的目的

学生如何运用文字来表达思想，以及提高写作能力，是写作教学的主要目的。

(一)培养写作能力

培养学生的写作能力是写作教学的直接目的。信息社会的飞速发展，逐渐丰富着写作能力的内涵。写作能力主要包括以下两个方面。

1. 专门能力

写作教学中的专门能力主要分为五个方面的能力：第一，要能根据要求，理解题意并打开写作思路以及防止离题偏题的审题能力；第二，在确定中心或主题之后能选择材料和组织材料的立意选材能力，具体表现为迅速定向信息、获取信息、分析信息和加工信息；第三，在中心主题确立后能解决材料安排的条理、次序、详略等问题的谋篇布局能力；第四，能用书面语言准确、生动、鲜明表达思想的语言表达能力；第五，能对文章进行修改润色的修改文章能力。

2. 基本能力

写作教学中的基本能力主要分为四个方面的能力：一是观察力，即善于观察社会和生活中的事物特征、积累写作素材的能力；二是思考力，即通过写作思维方法进行审题立意，确立文章的题材和体裁以及明确写作中心后选材和组材的能力；三是想象力，即在已有的材料和思路上进行创造、拓展的能力；四是联想力，即由眼前已感知到的事物联想到与其相关的其他事物，使文章立意更加丰富新颖的能力。

(二) 促进健康人格的形成

人格是指一个人具有一定倾向性的心理特征的总和，主要包括动机、兴趣、理想、信念以及行为方式等。学生在写作中对事物的认识和感受会在一定程度上反映出学生的信仰、观念、态度和思想感情。因此，学生思想品德、意志信念、审美情操和习惯态度都会受到写作的潜移默化的影响。教师在指导学生写作中，应教育学生做一个说真话、实话、心里话，言行一致的人。

二、初中写作教学的内容

(一) 写作知识

写作能力的形成和发展离不开写作知识，学生对写作知识的掌握很大程度上影响着学生的写作能力，主要表现在四个方面。一是语言表达。从手段来看，作文可以分为口头作文和书面作文两部分。首先涉及的是音、字、词、句的知识，它们是构成文章的基本单位。因此，教师可以在阅读教学中实际讲授炼字、选词、造句的知识，指导学生认识和掌握不同句式、句型的特点，这样做有助于学生在文章中表达复杂的思想感情。二是内容表达。从内容表达上看，文章需要遵从各类文章约定俗成的表达体例、模式和各种表达手段来增加文章的文体感。教师需要指导学生了解记叙、说明、议论等文体知识，以及叙述、描写、议论、说明、抒情等表达方式的知识。三是文章组织。从形式上看，教师应教给学生逻辑方面的知识，帮助学生解决写文章时要运用逻辑思维来安排文章结构及段落层次的问题。四是作文过程。从实践过程上看，写作前要有准备地深入观察、认识了解生活和事物，需要调查研究和博览群书，从中摄取写作材料；写作过程中要审题、选材、组材、修改，最后成文。

（二）写作方法

教师在进行写作教学时，要指导学生通过实践掌握一些基本的方法。①记叙。记叙的主要方法有略写、详写、顺叙、倒叙、插叙，主要用于叙述描写中的议论与抒情。②描写。主要包括对人物形象描写、环境勾勒与具体景物描写、正面描写和侧面描写，以及抓住特点进行描写。③抒情。指在描写、叙事、论理中抒情。④说明。指对举例、分类、比较、引用、运用数字、下定义、设计图表等的解说与阐释。⑤议论。主要分为正反、并列、反驳、层递四种论证方法。⑥构思。构思的主要方法有对比、抑扬、衬托、照应、象征和铺陈等。

（三）写作心理

如果一个学生对作文不感兴趣，甚至惧怕作文，那他自然也写不好作文。因此，养成良好的写作心理在写作教学中占有重要地位。学生在写作活动中所表现出来的心理特征被称为写作心理，主要从以下几个方面培养学生良好的写作心理。

1. 引导学生善于观察积累

生活中并不缺少美，但学生往往缺少发现美的"眼睛"。因此，教师需要指导学生留心观察、勤于思考和积累，这样做有助于提高学生对社会生活的理解和感受能力。学生对事物有越强烈的理解和感受，越能引发其写作欲望；对事物的理解和感受越深刻，学生写出的东西就越生动逼真、刻骨铭心。

2. 培养学生的写作兴趣

兴趣是最好的教师。教师应鼓励学生对自我正确地认识、积极地塑造和大胆地表现。有时一两句鼓励的批语，胜过一大堆指指点点。因此，对一些缺乏写作兴趣的学生，教师要积极肯定其作文的长处，增强其自信心，减少其对写作的抵触感，慢慢培养其对写作的兴趣。

3. 帮助学生坚定意志信念

教师应帮助学生集中写作注意力，不轻易被外界干扰，遇到困难不退缩并能积极、主动地寻求解决的办法。

4. 培养学生的创新性思维

创造性思维和想象在写作中占有重要地位，因此，教师应鼓励学生敢于创造并做到有创意的表达。这样做有助于丰富文章内容，拓宽写作思路，使文章结构更加完整。

三、初中语文写作教学设计的理念

（一）激发学生兴趣

1. 作文训练要循序渐进、由易到难

教师应先让学生把一件简单的事情说清，正所谓"贪多嚼不烂"。如果连一个简单的片段描写都无法搞定，就更别提要写出一篇精彩的文章。教师要从小处着眼，让学生从片段描写着手，人物也好，场景也罢，接下来再使学生扩展到记叙文全篇的写作。对于基础差的学生，教师要鼓励他们进行模仿，并在适当的时机加以引导。

2. 培养学生的自信心

人有自我实现的需求。教师应努力去发掘学生作品中每一个细小的优点，并给予表扬，哪怕是一句话、一个词，长期坚持，学生的自信心就会得到提升。教师要用权威的点评、热切的希望，温暖学生的心灵，真正地为孩子的成功与进步，奉献出自己最真诚的赞美。

（二）强化阅读

教师可以通过两种方法强化学生阅读。一是引导学生重视课内阅读。教师要引导学生从课文中寻找训练的切入点，可以选择以课文留白为切入点、以情节想象为切入点或以语言的表达为切入点、以文中的哲理语句为切入点，让课内练笔成为一种常态化的行为；二是鼓励学生拓展课外阅读。

（三）鼓励学生观察生活、关注社会

生活是一切文学创作的源头活水，包罗万象。看似单调、重复的学生生活，却也有着各种可以成为文学创作素材的东西。要让学生们知道"只要人有心，山川草木皆有情"。

做一个生活的有心人，不仅要关注身边的人、事、物，还要把眼光放出去，关注时代、社会、家国、民生。教师应引导学生从"小我"走向"大我"，从"当下"走向"历史"，从"只读圣贤书"的小情怀走向"忧国忧民"的大境界。像食品安全、节能环保、和平发展等人类普遍话题，都是非常好的作文素材。教师要努力让学生成为一个拥有生命激情和思维深度的人。

(四)培育思维

人既有内部语言，即思维；又有外部语言，即人们写出来的字或说出来的话。内部语言决定外部语言，有了缜密的思维，才能有畅快的写作。因此，教师需要培育学生的思维。

1. 发展学生的多样性思维

现在的学生写作具有一些套路，如三步作文法、万能作文法、七步定乾坤法等。就像英语作文，基本句式是固定的，学生写的时候根据题目，改一下关键词就成了。这种模式化的写作方式将鲜活灵动的作文固化了，将学生的思维牢牢束缚住了。语文教学承担着培育学生思维的重任，而写作教学又是训练学生思维很好的平台。所以，教师一定要解放学生的思想，不要给他们太多的限制，这样才能让他们言由心生，说自己真正想说的话；不要用公共话语、假大空的套话来代替自己的真切体验。

2. 不以主题论好坏

教师经常会说学生的作文立意不高，不要一说到作文就拿立意说话。我国提倡学生在文章中抒写光明的、进步的、爱国的、高贵品质的内容，但并不等于除此以外写别的就不行。学生对人生的思考，他们的青春、懵懂、躁动、迷茫与困惑都是很好的作文主题。

3. 要力求学生表达自己独特感受和真切的体验

现在学生的作文大多是"套板反应"，充分显示了学生阅读面的狭窄、存储量的浅薄，也体现了学生人生价值的缺失与迷茫。作文是学生的精神家园，是他们人生成长的记录。有人说，学生第一次堂而皇之地说谎是从写作文开始的。学生不应认为写作文就是简单的文字呈现，作文应能让学生用整个心灵去拥抱生活，作文是学生的情感载体、精神家园。

当今我国提倡的是"生命作文"，敞开心扉，忠于自我；让灵魂到场，用生命写作。所谓生命作文，就要表达生命的真实感觉，用整个生命去写作，是真性情的表露、流淌。爱是需要表达的，语言可以升华人的情感。面对着学生倾泻而出的真性情，教师也应该付出真心与真情。

（五）重视评价，尊重学生

教师在评价学生的作文之前，一定要有这样的意识：一页单薄的纸上闪现的文字，不仅是文字本身，背后是一颗颗细腻活泼的心灵；教师一定要把批阅作文的过程当作与学生隐性对话的过程，灵魂交流的过程。有的时候，学生写出来的内容可能比较偏激、比较自我、比较浅薄，然而那却是他们自己灵性的抒发，是他们思想的体现，教师应该给予及时而合理的纠正，前提是对学生的文字持有一份真诚的尊重。通过文字走入学生丰富而充满想象的青春世界，是这个职业赋予教师的权利。

（六）教师示范

一个教师是不可能把自己没有的东西教给他的学生的。教师自己会不会写作，对于学生的指导绝对会产生两种截然不同的效果，一种是隔靴搔痒，另一种是对症下药。所以，语文教师都应该有给学生写范文的意识和能力。语文教师不要什么都从网上下载，笔下的文字是饱含着生命热度，带着体温的，学生看着教师和自己一起写文章，笔耕不辍，洋洋洒洒，学生会觉得亲切、真实，敬佩之情油然而生。

这里需要注意的是，教师的范文要符合学生的写作要求，具有示范性、个性和深度。写"下水文"并不是说教师给学生布置的每一篇文章，教师都要去写，但是教师一定要具备写"下水文"的能力，如果需要的话应能写出来。就教师的日常工作来讲，作文评语就是另一种形式的"下水文"。

很多学生就是因为教师的作文写得好，心生爱慕与景仰才爱上写作的。现在的师范生一定要加强写作训练，让自己也能写出一手好文章，将来可以自豪而有底气地教自己的学生写作文，让学生沐浴在自己的才情之下。

第三节　初中语文口语交际教学

一、初中语文口语交际教学的意义与任务

（一）初中口语交际训练的意义

1. 从初中生的年龄阶段来看

初中生内在知识的积累比起小学生来说要多得多，且这个时期的学生在心理及个人情

感特征方面渐渐变得丰富，他们拥有了自己的看法与见解，想要展现自我，证明自己已经长大，对遇到的事情想积极发表自己的见解。但这一时期的学生性格尚未完全定型，其内心与想法依然比较天真，所以在说话和交际方面没有成人那种复杂的心理障碍；这一时期的学生正处于身体各器官迅猛生长时期，但思想上比较单纯，还没有完全成熟，所以，对这个时期的学生进行口语交际中问题的纠正相对是比较容易的。在这一时期抓紧学生的口语交际规范训练，有助于学生学会如何正确的与人进行交流，进而实现自我价值，且这对学生未来的发展也具有极其重要的影响。

2. 从学生发展的角度来看

当今是一个知识大爆炸的时代，同时也是经济快速发展的时代，处于这样一个时代中，激烈的竞争是必不可免的，因此，进行口语交际训练是生存与发展的需要。在日常生活和学习中，人们随时都需要与他人进行沟通；在沟通的过程中，听与说是极其频繁的。口语交际能力的培养在国外一直备受瞩目，且国外一直把"讲演"作为一个重要的学问来看待。回顾历史，国内外战争年代都会有各种演讲，而这些演讲都是振奋人心的，都是具有爱国主义情感的，这点足以说明语言的作用是不可估量的。有时语言的力量甚至比武器更为强大。

当今人类社会已发展到了高社交化、高效率化、高信息化的时代，不管是交际中的人情往来，还是学习中的讲授诵读，都与语言有着密切的联系。初中生正在面临现代化社会生活的严峻挑战，如果语文教学忽视了学生口语交际能力的培养，那么，学生就会成为现代社会交往中的聋人和哑巴，成为不会与人沟通、不能与人合作的人。

3. 从开发智力的角度来看

听与说是口语交际中的两种基本活动，但其都是十分复杂的生理活动过程，同时也是一个十分紧张的心理过程。简而言之，听者通过听觉分析器接收声音信息，又由于每个人的生活背景习惯不同，导致性格出现差异，从而需要通过自身特有的思维进行加工理解，因此有必要将说话者的外部语言快速翻译成自己的内部语言，只有这样才能实现听知；然而，听的活动是瞬间的，这就要求听话者要有快速的语言编码能力、准确使用概念的能力以及严密的判断推理能力和丰富的想象力等。

众所周知，只有敏捷与周密的思维，才能使语言在表达上更加准确；只有思维明确连贯，才能使语言在表述中更加有条理性；只有语言符合逻辑，其结构严谨，才能使语言在表述过程中变得流畅。

现实中也不乏这样的例证。例如，一个听知能力强、能言善辩的人，其头脑往往相对灵活、反应敏捷；而那些说话支支吾吾、口语表达能力差的人，智力往往比较低下。由此可见，加强口语交际训练是必要的，它对学生诸多方面都有所帮助，尤其是对学生敏锐的观察力、专一的注意力、准确的记忆力、敏捷的反应力和丰富的联想力、想象力等帮助甚大。

(二)初中口语交际训练的任务

1. 口语交际态度和习惯的培养

(1)听话者方面

①明宗旨

在听别人讲话时，听话者想要抓住对方要表达的主旨，就需要全神贯注。在听话的过程中，对于不能及时明白的地方，听话者需要仔细琢磨其重要的话语。在此基础上，还要对之进行反复思考，从而将说话者所表达的关键词语和句子进行快速捕捉且得到精准的信息。所以听话者要养成注意听、仔细想的良好习惯，只有这样才算是具备了听的一般能力。

②辨是非

在聊天过程中，应尽可能保持冷静状态，在此基础上还要多动脑。每个人的想法都不尽相同，在聊天过程中会发生很多突发事件，特别是在随意交谈时，双方因交流模糊导致一些误解，若听话者在此时头脑不够冷静，很有可能会感情用事，就会出现以讹传讹的现象，以及是非不分的情况。为此，听话者要边听边过滤信息，动脑辨别真假、善恶、美丑。养成了这种明辨是非的习惯，听话者的认识能力就能有所提高。

③记要点

在日常生活中，有一些人讲话条理很清晰，也有一些人讲话逻辑性较差。在遇到讲话逻辑性比较差的人说话时，听话者要注意捕捉有用信息，因为说话者表述过程中可能会出现表述模糊的情况，这样就容易造成一些误解。所以，在听别人讲话时，听话者应注意力集中、捕捉并牢记要点，如此一来，既可以正确理解别人所表达的意思，也可以拉近彼此间距离，防止断章取义而导致意思扭曲等情况出现，还可提高学习和工作的效率。

(2)说话者方面

①大胆地说、说真话

说话者无论在什么场合，其言谈的内容都要从实际出发，做到实事求是。说话真实是做人最基本的道德，说话者不能为了某种目的去说违背事实、违心的话，在未弄清楚一件事的情况下，不要去断章取义或信口开河讲些与事实不相符的话。

②连贯地说、有中心

有些人进行口语表述时，没有重点，长篇大论，使听话者感到不知所云。教师应培养学生在说话前，先想好要说什么、先说什么、后说什么、怎么说好等习惯，这样说起话来才会有条有理、中心突出、层次分明。教师还应教给学生咬字以及发音的方法，使学生在进行口语表述过程中吐字清晰。

③说话要积极、应自信

引导学生克服心理障碍。初中生处于特殊时期，其身体和心理都发生了较大的变化，他们拥有了自己的想法，自尊心都比较强，对别人如何看待自己比较敏感。以至大部分人不愿意在公众场合说话，担心说得不好别人是否会嘲笑自己，或是说多了给人造成爱出风头的感觉等，因此干脆不说。教师应引导学生克服这些心理方面的障碍，使学生积极地、主动地、自信地表达自己的想法。

培养学生的说话意识和能力。有的学生认为人与生俱来就会说话，这个是天生的，不需要后天的培养与锻炼；有的学生认为，语文考试用的是纸和笔，又不是口头的东西，因此练不练说话不会影响考试。就上述情况来讲，教师应鼓励学生发表见解，培养学生健康的发表欲，引导学生重视说话，使学生意识到说话的重要性，乐于表达自己，积极培养并提高自己的说话能力。

④得体地说、看对象

说话者不可能只对一个听话者进行诉说，因此，由于场合的不同，说话者面对的听话者也是不同的。说话者在进行表述时，应时刻注意自己的态度、语气、用词等是否符合当时的人物需求以及人物心理。教师在进行口语授课时，要注意培养学生分析环境、区别说话对象的习惯，使学生力求说话得体、讲究分寸、讲求效果。

⑤谦虚好学、勤于反思

第一，说话者要善于发现别人说话时的各种长处，使自己的说话水平不断得到提高。

第二，在说话过程中或是在说话之后，说话者要及时对自己刚才所表述的状态及内容进行分析，看看自己在说话过程中有没有出现什么问题，并及时纠正这些问题，从而提高自己的说话能力。

⑥大方地说、求清晰

在进行口语交际中，说话者既要尊重听话者，又要注意自己的举止。说话者应做到落落大方，吐字清晰，避免一些小动作的出现，姿态要沉稳。无论是一对一交谈，还是在公共场合发言，说话者的说话语气都要自然流畅，音量要适度，切不可胆怯，说起话来声音过小，使人很难听清或听见；在说话时，身体应直立，切不可歪歪斜斜。

⑦流畅地说、合规范

说话者要养成说话流畅、自然、合乎规范的习惯，不要重复说某一个字或词。与此同时，还应注意说话的顺序要符合逻辑，在句式、词语的选择上也要注意它们是否匹配，尽量避免一些口头禅。这样既有利于使学生口头表达得更流畅，又促进了学生书面语言能力的提高。

2. 口语交际技巧的训练

（1）听话者"听"的技巧训练

①训练听知注意力

训练注意力的稳定性。这里所说的注意力稳定性指的是在与人进行交流时，听话者要长时间保持注意倾听对方说话的状态。

训练注意力的分配。在听他人说话的过程中，听话者是会对一些词语进行联想或思考的，这就需要听话者注意应在什么情况下进行联想或思考。

②训练听知记忆力

在进行听知训练时，听话者要注意将说话者所说内容中的有效信息进行提取，这是在整个谈话过程中的重中之重。

③训练听知理解力

听知理解力主要指听话者能快速理解说话者的意思。要做到这一点，就需要听话者能把握说话者说话的要点，将说话者所说的内容进行快速概括，再领悟其本意，在领悟过程中要能听出说话者的弦外之音。

④训练听知筛选力

在听话的过程中，听话者要有筛选真实信息的能力。简单来说，部分人在进行表述中会出现开玩笑，或是夸大其词的情况，这时就需要听话者具有能够辨别真伪的筛选能力。还有一些人在进行表述时，通常会用很多话来表述一个意思，这就需要听话者对有用信息进行筛查，听知筛选力是衡量听知能力的高低的一个重要因素。

⑤训练听知品评力

听知品评力指的是听话者能够对说话者所说的内容进行判断及评价。判断说话者所说内容是否真实，是否是对的，对方表述的目的是什么，这些都属于听知能力高层次范畴。

⑥训练听知想象力

在听知训练过程中，教师还要锻炼学生听时的想象力，使学生能够对说话者所说的内容进行大胆的推测，以培养其思维的广度和灵敏度，培养其创新意识。

（2）说话者"说"的技巧训练

①训练内部语言组织技巧

人们在说话前，需要在头脑中想一下所要表述的内容。例如，想说什么，要怎么说，先说什么内容，对方能在最短的时间内听明白。要想把话说得条理清晰、连贯，就需要这样先想后说，抑或是一边说一边想，但说话的语速要尽量放慢些。刚刚说的"想"指的是内部语言，它产生于大脑神经中枢，所有的信息都要经过它的筛选、分析、综合、推理、联想。因此，内部语言组织技巧的训练实际上是思维能力的训练。

②训练运用语言表情达意的技巧

语音在语言表达的过程中起着至关重要的作用。如果在表达过程中出现发音不准、吐字不清、语调平平、语速过快、声音过小或过大等情况，就会影响到说话者表情达意的效果，使听话者听不清、听不懂或是听不见等。这就要求学生在说话的过程中，要坚持说普通话，发音要准确，吐字要清晰，声音要铿锵有力。教师在进行教学中，也应教学生一些科学发音知识，使其懂得一些气息控制和调整的知识等。

③语音控制能力的提高

在进行口语交际时，说话者应尽可能控制语音，避免出现心口不一的情况。与此同时，说话者在不同场合要注意说话时的语言节奏，对音高、音强、音长、音色等都要有较强的控制能力。

二、初中语文口语交际教学准则

(一) 系统性准则

教师在进行口语教学的过程中，应遵循系统性准则。尤其是在进行口语训练时，教师应考虑学生的年龄等各方面特征，以及学生所处阶段的认知特点，用循序渐进的方式，由简单到复杂，由分步到综合，来进行成梯度渐进的训练。

1. 从方式角度来看

教师在进行口语交际教学以及对学生进行训练的过程中，尽可能采取由复述、讲述到转述，由单一训练到综合训练的方式来进行，这样不仅可以使学生的学习成效显著，而且可以激起学生的学习兴趣。

2. 从内容角度来看

从训练内容角度来看，口语交流的互动训练也应遵循循序渐进的原则。教师应重视学生的自主学习能力，让学生从愿意到主动积极地进行口语交际，从而使学生在口语交际中的情感得到培养。在教授过程中，教师应根据学生各方面条件及水准提出相应要求，要从学生的实际出发，通过鼓励、表扬，使他们敢说、愿说、擅说。

口语训练的目的不仅仅在于学生开口说，教师还要注意依据教材，抓住重点，进行有针对性的训练；应注意加强各个技能点、知识点、情感点的相互结合，使学生会开口说、敢开口说、有感情地说，使其口语交际能力得到全面发展。

(二) 综合性准则

口语交际不单单指会开口说，它的内容与方式需要综合化，不能孤立进行。

1. 加强听说读写的联系

①具备良好的听的能力，可以在第一时间进行知识的摄取，从而积累说话时所需的材料，也可使听话者更加明确说话者所传达的意思，使口语表达更加准确、丰富。

②具备良好的读的能力，不仅可以使人们说话表达的内容材料得到积累，而且可以在进行语言表达时，使自己所表达的语法等更加规范化。

③书写能够对人们说话时常出现的问题进行良好矫正，从而提高说话质量，使听话者能马上明白其想要表达的内容。

在进行口语交际教学时，教师应明确听、说、读、写的内容是紧密联系的，是不可分割且又相互促进的。

2. 加强口语训练与观察、思维、想象训练的联系

口语训练、观察、思维、想象之间是存在着某种联系的。学生识字后，就会获取大量的信息，也可以理解听到的信息的意思。提高对周围事物的观察能力，学生就可以拥有庞大的知识储备，在此基础上进行思维逻辑的整合，再加上适当的想象，就能了解事物的具体特点和事物之间的诸多联系，把内容说完整、说具体、说准确。与此同时，丰富的想象不仅使学生有话可说，而且能把内容说得生动有趣。

3. 在语文教学的各个环节中培养口语表达能力

(1) 阅读写作，渗透交际

在阅读教学过程中，教师可通过一些有趣的、与口语相关的方式对学生口语表达能力以及思维能力进行锻炼。如进行一些小型表演、分角色朗读课文、进行课后讨论等。在作文教学过程中，教师可通过提问评议、矫正语病、培养语感与说话条理性等方式，对学生的口语能力进行锻炼，从而实现思维能力与语言能力共同发展的理想教学模式。

（2）课前说话，鼓励交际

课前交流既可以促进学生彼此间的友谊，也能使学生在交谈过程中获取更多有趣的信息，为促进口语能力的提高做好铺垫，还培养了学生观察生活的良好习惯。

（三）互动性准则

互动是实现交际目标的前提和条件，在口语交际教学中，教师应加强对学生互动意识的培养。口语交际是交际双方进行信息发出与接收的过程，是需要面对面来进行的一种信息交流活动，也是一种动态变化的活动。交际期间，说话者要根据听话者的情绪反馈，进行语气、语调或是讲话内容的调整，与此同时，听话者又需要根据说话者的表述进行相应的对答。在畅通的信息渠道中，说话者和说话者相互促进双方的表达以完成交际任务。因而，口语交际教学不仅仅是简单地交给学生听或说的技巧，更要在言语实践中培养学生的互动能力。

（四）情境性准则

任何口语交际要畅通、完美，除了凭借正确的口头语言和体态语言之外，交际双方还必须注意交际情景，即语境。所谓语境是指交际的环境时间和空间，以及话语的上下文。社交语言总是处在特定的语境中，正因如此，人们在口语交际过程中能够比较轻松地确定那些多义性语句的所指，能够在口语交际过程中感受到生动、逼真的情境。情境性口语交际的训练，不仅能够调动学生内在真实的情感体验，而且可以激发他们强烈的表达欲望。

三、初中语文口语交际教学策略

（一）确立话题策略

在学生进行口语交际之前，教师应先选择好适宜话题。话题的确立应是多元的、开放性的、贴近生活的，教师要选择让学生有话可说的话题，并以话题为纽带，使学生在真实情境中把交际双方紧密联系到一起，在无形中锻炼学生的倾听力、表达力以及交际能力。这样可以使学生的人际交往素养得到提高，这是口语交际的根本目标，也是口语交际教学的一个重要策略。

（二）情境设置策略

口语交际教学不同于一般的阅读与写作教学，在训练的过程中是需要创设情境、营造氛围的，这样有助于学生的学习，使学生能具有现场感与对象感，也只有这样，学生才能锻炼其口语能力和听知能力。因此，要让学生无拘无束、自然而然地进行口语交流就必须创设一个民主和谐的、接近生活实际的交际情境，使学生暂时忘却自己所置身的课堂，步入教学指向的交际情境中，使学生的学习积极性得以释放，这样才能调动学生内在真实的情感体验，激发他们强烈的表达欲望，发展他们的个性和创造性思维，达到口语交际训练的要求。

关于情境的创设，其方式是多种多样的。教师可联系学生的日常生活和经验，创设多元化且符合学生生活实际的情境，来发展学生的生活感知能力，使学生在口语交际中说得具体、说得真实、说得有趣，从而有效地培养学生的口语交际能力。教师也可根据时代的主题和社会生活中的突发事件或不良现象，与时俱进地创设社会生活情境，让学生在这些社会生活情境中进行口语交际。这不仅可以提高学生口语交际的能力，而且还能培养学生健康的情感、正确的价值观和崇高的人生态度。教师还可利用音像、图片等各种媒介营造真实自然的交际情境。

(三) 多元互动策略

参与交际的人，不仅要认真倾听，听懂对方的交流信息，抓住对方交流信息的要点，而且还要适时接话，表达自己的意见和想法。口语交际是听与说双方的互动过程，是语言信息往来交互的过程，口语交际过程中的语言信息呈双向或多向互动传递状态。

(四) 示范指导策略

所谓教师的示范作用，就是要求学生做到的，教师大体上都能先做到，而且做得更好。在口语交际训练中，教师的示范极为重要。无数事例说明，学生总是以教师的表达为范式。就说话而言，教师生动，学生也追求生动；教师雄辩，学生也追求雄辩。教师说话中的许多特点和习惯，在潜移默化中都会对学生产生影响。为了学生，教师必须坚持不懈，努力提高自己的口语交际能力。教师在听话方面应当准确、敏锐，善于领悟和辨析。在课堂教学中，教师应准确地捕捉学生的长处和短处，善于在细微处发现问题，使学生真切感受到教师敏锐的语感。教师的教学语言应当准确、简练、畅达，努力做到生动而略带幽默感，并将语病减少到最低限度。同样，教师的指导也十分重要。因此，教师应注意将指导落实到实践当中。

(五) 评价反馈策略

教师应对学生及时进行语文口语交际教学的评价反馈。在进行评价反馈的过程中，教师可以对学生的学习情况深入了解，并根据了解到的情况进行教学策略调整，而且可以让学生看到自己的学习成果，从而使其树立自信心，进行自我反思，在无形中激发了学生的学习兴趣。教师除了阶段性口语交际教学评价之外，还应重视即时性评价，既要关注语言因素，又要关注非语言因素，这样可促进学生更认真地倾听、表达和应对，有利于端正学生的口语交际态度，养成良好的口语交际习惯。

◆◆◆ 第五章 初中语文教学中创新思维的培养

第一节 语文思维能力的培养与实践

一、语文思维的品质

思维能力是智力和能力的核心。思维品质反映了个体思维能力的强弱，是判断一个人的智力层次（即正常、超常或低下）的主要标志。语文思维品质是指人们在语文学习和实践过程中逐渐形成、发展并表现出来的，能直接影响工作效率的个体智力特征，包括思维的深刻性、灵活性、敏捷性、批判性和独创性五个方面。

（一）深刻性

语文思维的深刻性是指思维的抽象逻辑性，反映了语文思维的抽象程度和逻辑水平，体现了思维活动的广度、深度和难度。它表现在学习者善于深入地、逻辑清晰地思考问题，能抓住问题的本质和规律；善于开展系统而全面的语文思维活动；善于在整体上用联系的观点认识事物，掌握语文知识。

在阅读过程中，教师要培养学生能全面、准确地理解所读的内容，概括文章主旨，把握作者意图的能力；要培养学生善于深入思考，从中发现规律和本质的能力；要培养学生善于比较不同时代、不同文体、不同作者的作品阅读规律的能力。在写作过程中，学习者要能够透过现象观察事物的本质；文章立意要有深度，要能够抓住自己所要表达的事物的中心，并用准确、简练、生动的语言进行表达。

（二）灵活性

语文思维的灵活性是指语文思维活动的灵活程度，指思维能够根据客观情况的变化而变化。语文思维的灵活性是以深刻性为基础的。灵活性具有四个显著特点：一是思维方向灵活。语文教师要培养学生善于从不同角度和方面思考问题，用不同的知识和方法正确地解决问题的能力;二是思维过程灵活。语文教师要培养学生善于分析与综合并灵活转换的能力;三是迁移能力强。学习者要对语文知识和语文方法能够有效地进行正迁移。四是思维结果灵活。

在阅读过程中,教师要培养学生善于使用多种阅读方法,从不同的角度、方向思考所读的内容,并得出多种合理而灵活的结论的能力;要培养学生善于将不同的阅读内容联系起来的能力;要培养学生善于将以前学过的知识和方法灵活地进行迁移的能力。在写作过程中,教师要培养学生善于从不同的角度观察事物的能力;培养学生善于从不同的角度和方面进行选材的能力;培养学生善于采用灵活的表达方式和修辞手法的能力;培养学生可以用同一题材表达不同的观点、同一观点使用不同的题材的能力。

(三)批判性

语文思维的批判性是指学生对于自己思维过程的一种自我反省、自我调节和自我修正的智力品质。思维批判性具有五个主要特点:第一,分析性,即不断地分析解决问题所需的条件,并反复验证所拟定的假设和方案;第二,策略性,即在头脑中形成解决问题相应的策略、方法、步骤或手段,并在实践中进行检验;第三,全面性,即善于客观地分析正反两方面的依据,坚持正确的方案,及时修改错误的部分;第四,独立性,即善于独立思考问题,拥有自己独特的观点,不人云亦云,盲目附和;第五,正确性,即通过缜密的思维活动,实事求是地分析问题,使得结论具有正确性。

语文阅读教学中,要求学生能够对阅读内容进行辩证地分析;要善于顾及作者本人和作者所处的时代背景,能够"知人论世",对文章进行全面地评价;要善于通过比较分析发现文章的风格特色。在写作过程中,教师要培养学生掌握写作的基本方法和常用的修辞手法;培养学生修改作文的良好习惯;帮助学生学会自评作文,写作文小结;要求学生及时总结自己的写作经验,并对不足之处进行专项训练。

(四)敏捷性

语文思维的敏捷性是指思维过程的迅速程度,思维的速度和正确性是思维敏捷性两个重要的指标。初中生语文思维的敏捷性是指在学习语文知识时,能够快速、准确地掌握所学内容,并在头脑中内化;在运用语文知识解决问题时,能够迅速、准确地利用原有的认知结构,找出问题的关键,运用恰当的知识和方法,最终正确地解决问题的思维品质。

培养学生的思维品质的敏捷性是初中语文教师的教学目标之一。例如,在阅读教学中,教师要帮助学生掌握速读、跳读、泛读等阅读方法;帮助学生迅速捕捉所读文章的主要观点，寻找自己所需要的主要材料。在写作教学中，要培养学生善于观察，将观察到的材料变成写作素材；要培养学生在较短的时间内根据要求写出不同文体的作文。

(五)独创性

语文思维的独创性即思维的创造性，它表现为善于独立思考，善于创造性地发现问题和解决问题。独创性品质有三个特点：一是独特性，学生要有自己独特的思维方式；二是新颖性，学生要乐于采用新的思维方法进行思考，这是独创性最重要的标志；三是发散性，学生要善于在广阔的领域内独立思考问题。例如，在阅读过程中，学生要能够根据自己的需要和现实水平，选择适当的阅读内容和阅读方法；在阅读中要善于联想、比较和鉴别，要有个人独特的见解，从中获得美的享受；要能够创造性地运用各种阅读方法，形成自己的观点。在写作过程中，要培养学生形成新颖的观察事物的角度；选择新颖的写作题材；培养学生准确表达自己想法的能力，并逐步形成个人写作风格。需要指出的是，初中生语文思维品质的深刻性、灵活性、批判性、敏捷性和独创性，是完整的思维品质的组成因素，它们之间是相互联系、密不可分的。其中，思维的深刻性是一切品质的基础。思维的灵活性和独创性具有交叉的关系，灵活性富有广度与顺应性，独创性则具有深度和新颖性，两者互相影响。思维的批判性是以深刻性为基础发展起来的，只有通过深刻地认识和周密地思考，才能对事物进行准确地判断和调节；同时，只有不断地进行自我批判，才能更深刻地认识事物的本质和规律。思维的敏捷性是其他的思维品质的具体表现。

二、语文思维能力培养的策略

语文思维能力是由语文思维的内容、方法和品质构成的一个有机的整体，对语文思维能力的培养必须贯穿在语文知识的教学中，让学生掌握思维方法，并训练学生的思维品质，这是培养学生语文思维能力的基本思路。在课堂教学中，要有效促进学生思维的发展，还要遵循如下基本策略。

(一)引起认知冲突，激发积极思维

认知冲突是指认知发展过程中原有认知结构与现实情境不相符时在心理上所产生的矛盾或冲突，这种矛盾的存在是学生积极思维的基础，而积极思维是发展思维能力、深度理解知识的前提条件。语文课堂教学中要基于教学目标，充分利用各种手段，抓住教学重点，联系学生已有经验，设置一些能够使学生产生认知冲突的"两难情境"，引起学生的认知冲突，激发学生的积极思维。

教学活动是教师和学生共同参与的活动，课堂提问是在众多形式的双边互动中使用最为频繁的一种，它不仅可以诊断学生的学习状况，进行情感交流，激发学生的兴趣，更重要的是能产生认知冲突，激发学生积极思维。依据问题所涉及的认知水平，可以把课堂中教师所提的问题分为无认知问题、低认知问题和高认知问题。其中，无认知问题是指不能引起学生积极思维的问题，如引导、鼓励和核对的问题；高认知问题则是指能激发学生积极思维的问题，如分析、综合和评价的问题。语文课堂教学中要尽量多提高认知问题，少提低认知问题，避免无认知问题。现行的教学中，教师提出大量的低认知问题和无认知问题，严重影响了学生思维的发展。

(二) 加强课堂互动，促进社会建构

建构主义认为，学习是一个积极主动的建构过程，知识是个体经验的合理化，并不是说明世界的真理；教学要基于学生的已有知识和经验，而不是由教师把知识简单地传授给学生；教师是教学情境的创设者，是学生学习的引导者和帮助者，而学生是学习活动的主体；学生的有效学习是在一定的情境下，在他人的帮助下，通过人与人之间的协作与交流等方式进行的。维果斯基的"社会建构主义"思想认为社会文化环境会影响学生思维活动的发展，体现到语文课堂教学中，就要求教师要重视课堂互动环节。课堂互动是在课堂这个环境中的师生互动和生生互动，是教师、学生和环境之间相互影响的过程，在这个过程中，学生处于主体地位，教师应基于学生的实际组织教学。从互动的主体来讲，课堂互动有师生互动和生生互动；从互动内容来讲，课堂互动有思维互动、情感互动和行为互动，其中，情感互动是基础，行为互动是表现，思维互动是核心。初中语文课堂教学中，教师必须重视课堂互动，特别是促进师生之间和生生之间的更为深层的思维互动，这更利于促进学生思维结构的发展。

(三) 重视总结反思，强调应用迁移

所谓元认知，是指对认知的认知，包括元认知知识、元认知体验和元认知监控三部分，其中元认知监控是核心部分。元认知监控就是一种自我监控能力，是人们将活动本身作为意识的对象，不断对其进行积极主动的计划、检查、评价、反馈、控制和调节的能力，与批判性思维有密切的联系，是教师教学能力的核心和学生学习能力的核心。因此，教学中要重视学生自我监控能力的培养。为了有效培养学生的自我监控能力，或者元认知能力，或者批判性思维能力，语文课堂教学中一定要重视总结和反思。在每次课堂活动的开始和结束，教师都要引导学生对学习对象、学习内容、思维方式和方法等，及时地进行

总结和反思。通过总结和反思，可以帮助学生加深对知识和方法的理解，通过对经验的总结，发展自己的认知结构，提高自我监控能力。

应用是检测学习效果、巩固所学知识的重要途径。学习中的迁移则是指一种学习对另一种学习的影响，它广泛地存在于知识、技能、态度和行为规范的学习中。重视知识和方法的应用和迁移，有利于加深学生对知识的理解，提高学生的思维能力，为此，要将应用迁移作为语文课堂教学中培养学生思维能力的基本原理。在语文课堂教学中，要做到：第一，使学生能够应用所学的知识和方法解决实际问题；第二，让学生将所学的知识和方法与以前学过的相关知识和方法联系起来，实现对这些知识和方法的主动建构；第三，让学生将所学的知识和方法迁移到其他情境中去，迁移到其他课文中去，迁移到现实生活中去，从而培养学生思维的灵活性。

三、语文思维能力的实践探索

语文是思维与语言相结合的学科，初中阶段是学生思维能力发展的关键阶段，探索初中语文教学中学生思维能力的培养，不仅对学生思维能力的提高具有重要意义，而且对于学生提高语文能力，加深对语文知识的理解，具有重要的影响。

(一) 明确课堂教学的目标，制定思维培养计划

语文教学是一种有目的、有计划的活动，思维能力的培养是语文教学的重要目标之一。因此，必须结合知识的教学目标和计划，制订思维能力培养的目标和计划。首先，要根据初中语文教学目标确定初中阶段需要培养的思维能力目标。其次，要根据各部分知识或者培养思维能力的任务，以及学生、教师和教学内容的特点，制定比较明确的课堂教学目标和教学规划，选择适当的教学方法和教学时间。第三，在教学过程中，要训练学生迁移的能力，可以将同一种思维能力在不同的情境下进行训练。例如，在培养想象能力时，可以在讲授初中课程《春》的时候让学生想象小草偷偷地从土里钻出来的情境，并说说"偷偷地"和"钻"这些词语好在哪里？在讲授诗歌《次北固山下》时，可以让学生试着想象"潮平两岸阔，风正一帆悬"的情境，尝试描述自己眼前的景象。当讲到《天上的街市》时，可以让学生想一想：盛夏的夜晚，当你仰望晴朗的天空，会看到怎样美丽的景象？会想到什么？要求学生以"夏天"为题，展开想象，完成作文训练。一系列的训练既可以培养学生的想象能力，又能培养学生的迁移能力，有利于学生思维能力的培养。第四，教师在教学中要及时监控整个教学及学习情况，进行反思，调整思维能力的教学目标和教学方案。

(二) 创设良好的教学环境，引起学生的认知冲突

学生积极主动的思维是发展思维能力的基础，积极思维的前提条件是具有良好的思维环境。情景创设是激发学生积极思维的有效手段，教师只要抓住思维这个核心，就为有效的课堂教学奠定了良好的基础。良好的思维环境应引起学生的认知冲突。认知冲突是认知发展过程原有概念或认知结构与现实情境不相符时在心理上所产生的矛盾或冲突。在初中语文教学中，教师创设良好的教学环境，引起学生的认知冲突，需要做到：首先，要创设民主平等的教学环境。教师采取民主的教学方式，平等地对待每一个学生，发挥学生的主体性，鼓励学生进行独立思考，敢于让学生标新立异，挑战权威，最终形成学生主动学习、积极参与的课堂教学氛围。民主像一座搭在师生心灵之间的桥。民主的程度越高，这座连通心灵的桥就越坚固，越宽阔。其次，对待学生的提问持积极的态度。教师对待学生提问的态度是指教师对学生提问产生的一般而稳定的心理倾向，包括积极的心理倾向和消极的心理倾向。积极倾向表示教师喜欢、支持、鼓励、引导学生提问；消极倾向表示教师回避、厌恶、憎恨学生提问。第三，要创设良好的问题情境，尽量提高认知问题。所谓提高认知问题，就是能使学生产生认知冲突，激发学生积极思维的问题。

(三) 结合语文知识教学，教给学生思维方法

学生的思维能力是在知识的学习和活动中逐渐形成和发展起来的，其培养也必须贯穿在这些过程中，并力争让学生理解语文的思维方法。语文思维的方法很多，包括观察、审美、联想与想象、比较与分类、发散思维等。这里举例介绍观察、联想与想象两种方法。

第一，细心观察，走进生活。观察是一种有目的、有计划、较持久的知觉行为，它虽然不属于语文思维，但是语文思维的重要基础。语文中用到的观察方法主要是顺序观察和对比观察。顺序观察是按照客观事物本身所具有的系统性及其周围事物的联系有顺序地进行的观察；对比观察是把几个事物或者同一事物的不同方面进行比较的观察方法。初中语文教材中，许多文学作品都是在作者细致入微的观察基础上完成的，供给我们丰富的观察经验和观察方法。教学中将这些文章作为重点，让学生领悟作者观察的方法，可以有效培养学生观察的能力。

第二，放飞联想和想象的翅膀。联想，就是由此人此事此物想到彼人彼事彼物的一种思维。想象是人脑对已有表象进行加工、改造而创造新形象的过程。联想和想象是非常重要的培养学生思维能力的方法。

第二节 语文教学与创造性思维

一、语文课堂教学中创造性思维能力培养的实施

(一)语文教学与创造性思维概述

1. 语文学科的性质，语言与思维的关系

语文学科既是基础工具学科，又是思维学科。语言是交际的工具，人们通过语言交流思想、传递信息。在信息时代中，信息的交流更加频繁，作为交际载体的语言更加丰富多彩。语文学科的任务之一，就是要使学生能够正确理解和运用祖国的语言文字，为学生继续学习和工作打下基础。语文学科是基础工具学科，早已得到大家的公认。语文学科又是思维学科，也越来越引起从事语文教学的教师的重视。

为什么说，语文学科也是思维学科呢？这里就涉及语言与思维的关系问题。语言是人类最重要的交际工具，它同思维有密切的联系，是思维的工具，是思想的直接现实，是思维的"物质外壳"，语言和思维是不可分的。更准确地说，内部语言是思维活动的"物质外壳"。什么是内部语言？就是和逻辑思维、独立思考、自觉行为有更多联系的一种高级的言语形态。它的主要特点在于：其一是不出声，或语音的发音是隐蔽的。其二是以自己的思想活动作为思考对象，先想后说或先想后做。其三是"简化"。内部语言是外部语言中的一些片断。内部语言与外部语言相比，在同时思考与表达一个问题时，前者的速度比后者快得多。内部语言不仅是逻辑思维和独立思考的特质基础，而且是思维发展水平的标志。内部语言的发展是和口头语言、书面语言的发展相辅相成的，而思维活动不仅借助内部语言，同时也要借助外部语言实现，由此可见思维与语言的密切关系。思维和语言既是密切相关的统一体，又是有区别的。从语言与思维的密切关系来看，语文学科又是思维学科。

2. 思维与创造性思维

思维是人脑对客观现实概括的、间接的反映。概括的反映，是指思想能够反映事物的本质，能够反映事物间的本质联系和规律。间接的反映，是指思维总是通过某种媒介来反映客观事物的。由于思维的概括性和间接性，人通过思维，可以认识那些没有直接作用于

人脑的种种事物，也可以预见事物的发展变化。人借助思维，能从个别中看到一般，从现象中看到本质，从现实中推测过去、预见未来。

创造性思维是以解决科学或艺术研究中所提出的疑难问题为前提，用独特新颖的思维方法，创造出有社会价值的新观点、新理论、新知识、新方法等的心理过程。创造性思维往往与创造活动联系在一起。创造性思维的特征是，思维的新颖性、独特性，发散性思维在创造性思维中占主导地位。学生在学习中的"发现"，或有创见地解决学习中的问题，也可称为创造性思维。

根据思维在解决问题时探索方向的不同，可将其分为集中思维和发散思维两种类型。所谓集中思维（又称聚合思维、求同思维）是指根据已有信息向着某一方向的思考，力图得出一个符合逻辑的正确答案的一种有方向、有范围、有条理的收敛性思维方式。所谓发散思维（又称辐散思维、求异思维）是根据已有信息，从不同角度，向不同方向思考，从多方面寻求多样性答案的一种展开性思维方式。根据问题所提供的信息，探索几个可能的答案。

集中性思维强调主体找到问题的"正确答案"，强调思维活动中记忆的作用；发散性思维强调主体去主动寻找问题的"一解"之外的答案，强调思维活动的灵活和知识的迁移。集中性思维与发散思维是思维过程中互相促进、彼此沟通、互为前提、相互转化的辩证统一的两个方面。集中性思维是发散性思维的基础，发散性思维又是集中性思维的发展。集中性思维和发展性思维都是人类的思维的重要形式，都是创造性思维不可少的前提，二者都有新颖性。

创造性思维活动一般是按集中——发散——集中的顺序进行的。集中为发散提供了起点和归宿，发散又为实现创造（集中）提供了基础。发散性思维是创造性思维的主导成分，但必须与集中性思维有机结合，方能有高水平的创造性思维产生。

创造性思维包含有两种类型：一种是重新安排已有的知识，创造出新的经验形象；或对已有知识从新角度去观察分析，也是一种重新安排已有知识的创造性思维活动。重新组合已有知识或从新的角度对已有知识重新观察分析，都能导致新的"发现"，提出对问题带有新颖性、独特性的见解，这是低层次的创造性思维活动，是每个普通人都具有的创造潜能。另一种是在科学上的重大发现，在技术上的重大发明创造，提出前人没有发现过的新见解、新理论，这是科学家、发明家等人的创造性思维活动，对青少年的创造性思维的培养与训练，是指低层次的创造性思维活动。

发散性思维是创造性思维的重要主导成分，是测定创造力的重要指标之一。根据美国心理学家吉尔福特的观点，发散性思维具有流畅性、变通性、独特性三个特征。思维的流畅性，是指产生大量意念的能力，即反应迅速而众多，思维畅通少阻、灵敏迅速，能在短时间内表达较多的概念。只要不离开问题，发散量越大越好，这是发散性思维的指标。流畅性可分为四种：①词语流畅性，指产生词语，满足语言特殊构造所要求的能力。②观念流畅性，指在自由的情境下，产生所需要观念的能力。③联想流畅性，即列举事物的属性以适应特殊情况的能力。④表现流畅性，指产生连贯性论述的能力。思维的变通性，是指思考能随机应变、变化多端、触类旁通、举一反三，不局限于某一方面，不受消极定势的桎梏，能提出不同凡俗的新观念。思维的独特性，是指用前所未有的新角度、新观点去认识事物，对事物表现出超乎寻常的独特见解，具有新颖性的成分，它代表着发散性思维的本质。

3. 创造性思维与语文教学

在初中阶段，语文课占着十分重要的地位，它的学时最长，无疑对学生的成长影响也较大；而语文课所选的教材，又都是文质兼美、适合教学的典范文章，语文教学在培养学生创造性思维上，有着得天独厚的优越条件。语文知识是创造性思维的产物，是智慧的结晶，本身就具有智力与创造性的价值，而且语文知识是发展学生创造性思维与智能的基础。有了语文这个基础工具，才能真正将学生学习中的创造性思维能力充分发挥出来。语言既是一种社会现象，又是一种复杂的心理现象，以听读说写教学为例，学生听话需独立思考，进行心理交流，方能很好感知说者的思想观点，并由此迸发出创造性的思考。阅读与写作则需借助联想与想象，同作者与写作的对象进行"心理位置互换"，才能更好再现生活图景与表达真情实感，触发新的联想与创造性构思。

语文教学最根本的问题是，在教给学生语文基础知识的同时，充分发挥语文学科又是思维学科的特点，对学生进行创造性思维的培养与训练。应充分利用这一有利条件，通过语文教学，培养学生的创造性思维。

(二)语文课堂要创设良好的思维环境

1. 创设良好思维环境的必要性

创设良好的思维环境是培养创造性思维能力的前提。良好的思维环境会激发学生的认知兴趣，调动学生的学习积极性。兴趣是人的一种带有趋向性的心理特征。学生如果对某种事物发生兴趣时，就会主动、积极、执着地去探索。教学过程中只有努力激发学生的认知兴趣，才能其培养强烈的创造欲望。兴趣是学生发挥认识的主动性和积极性的向导。因此教师应当努力激发学生兴趣，开启创造性思维的大门，酝酿良好的思维环境。

良好的思维环境可以让学生产生良好的适应心理，具有良好的心理定势。当学生释放心理负担，没有左顾右盼，没有欲言又止的心态时，他就会建立内心自由，即不受冲击、畏惧、强迫、紧张、刺激，而有坚定意志、自强不息，富有较强的洞察力、预感力和强烈的好奇心。语文课堂上教师淡雅的装束、惬意的微笑、文雅大方的举止、和蔼可亲的言谈会让学生欣赏，让学生心理放松，因为这些都是创设良好的思维环境所必不可少的。反之，教师课堂形象拙劣、板着面孔、语言冷淡、态度生硬，会使学生畏葸不前。特别是那简单的一个"错"字，会令学生心灰意冷，思维封闭，更谈不上良好的思维定势了。

良好的思维环境还为营造融洽的师生关系打下基础。创造性思维能力的培养除了要依赖于社会历史条件外，更重要的是赖以顺利展开的各种教学条件，这里主要包括教学气氛和师生关系。良好的思维环境就是要有一个和谐的氛围和融洽的师生关系。在"以人为本"的教学理念下，首先要创设一种宽容、民主的教学气氛，使每个学生都积极参与教学活动，教师不再是宣讲者、指挥者。师生之间的民主、亲密、和谐的关系，是教师进行创造性教学、学生激发创造性思维能力的主要前提。语文教师要力求营造这样一种氛围，使学生真正在思维上解放，使他们不仅把教师看成师长，更重要的是当作朋友，真正知识上的朋友。

2. 创设良好思维环境应遵循的原则

一是民主的原则，就是要"以人为本"，尊重学生，尊重学生的各种思维，让他们充分发挥"主人"的作用，做课堂的主宰者。二是整体的原则，是面向全体，使每个学生都能在这样的教学环境中开展思维活动，提高思维能力，尤其是对那些自认为不如别人的学生，要给每个人以思维的权力。三是肯定的原则，在上述原则的基础上要做到"肯定"是主导。无论学生做出怎样的答案，教师都要从不同角度给予肯定，最起码肯定学生最初的思维是积极主动有热情的。四是个性的原则，让学生发挥个性特长，敢于"异想天开""突发奇想"，甚至于"想入非非"，让思维的火花绽放。

二、创造性教法与创造性学法

(一)"互动——创新"式教学理念

学生创造能力的高低，衡量着创造教育的质量，而创造教育的质量又必然反映着语文教师的创造水平。学生在学习语文过程中，对知识的摄取、传递和创造能力是否能有效形成，直接决定学习创造能力的形成与发展。故语文教学中创造性的培养应当是双向的，教师和学生都应具有创新能力才行。

1. 概念的界定

（1）"互动——创新"教学的含义

"互动——创新"作为一种初中语文教学机制，是以互动为主要教学原则、策略和方法，以培养学生创造精神和实践能力为主要宗旨的教学组织结构和教学发展过程。这个过程以互动学习为起点，以迁移创新为方向，既是一个训练实践的发展过程，也是一个认识运动的发展过程。它是在互动教学思想的指导下，运用互动的教学方式组织起来的教学结构和训练过程。

（2）"互动——创新"教学的基本框架

组成教学系统的三个主要元素是教师、学生和教材。在"互动——创新"教学过程中，它们之间的结构关系应当是教师与教材、学生与教材、教师与学生、学生与学生这四对相互作用的立体交叉关系。在教师对教材进行科学处理之后，学生在教师的组织和指导下与老师和同学共同探讨学习，并将在学习和探讨中获得的信息反馈给教师和其他学生，同时，又在教师和其他学生的评价和迁移训练中获得新信息，从而达到对所获信息的积累、突破和创新，内化成为自己的语文能力和素养。

2. 操作原则

（1）主体性和自主性原则

教师是教学主体，学生是学习主体；只有富有创造力的教学主体，才能焕发出学习主体的创造活力。要焕发学习主体的创造活力，教师就必须尊重学生，注意养成学生的自主性。培养这种自主性的一个重要途径就是培养学生的自学能力，包括培养学生自学的心理素质（心志坚、心力专、心趣浓、心绪宁）、自学的基础（强调结构化的知识便于学生运用与迁移）、自学的智力品质（强调记忆、联想、想象、逻辑思维、辩证思维和创造思维能力培养）、自学的方法与技巧（强调掌握听、说、读、写基本方法，会筛选、归纳、整理、表述、运用、生成信息）、自我评价自我调控能力（强调一分为二而又把握好是非、对错、美丑界限和自我调控心理，养成耐挫折而善于与他人合作的品格）等方面。引导学生从学会自立学习，进而学会生存，学会做人，形成独立、自尊、自重而又富于创造性的人格。

（2）互动性和协作性原则

互动包括师师互动、师生互动、生生互动、群体互动，具有一种多维的互动性，在互动性的过程中互相促进、互相协作。其中，师师互动包含在教学设计的过程中，老师们集体研讨、各抒己见、取长补短，设计更优的教学方案。在教学实施过程中，教师不仅是课程学习的"教"者、"述"者、"问"者和"指导"者，而且是"学"者、"思"者、"听"者，不仅是课程学习过程的调度者和局部障碍的排除者，而且是课堂信息的捕捉者、判断者和组织者；同时，可以利用反馈的信息，及时调整、优化教学方法。学生不仅是"听"者、"答"者，而且是"问"者、"说"者、"思"者；不仅是"学"者，还会从"学"的领域扩展到对"教"的参与，部分地成为"教"者。师师、师生、生生共同思考，讨论、交流，整个教学过程，始终处于一种互动、协作的状态。

（3）创造性与求真性原则

所谓创造性是要以创造教育思想为指导，教给学生创造性思维方法，引导学生参与创造性活动，培养学生创造力。培养学生创造力的前提是树立每个学生都是创造潜力的活生生的人的观念，要珍视他们创造性思维的萌芽。所谓求真性就是在发展学生多向、逆向创造性思维能力的同时，注意思维的求同性与求真性，即对人类共同公认的某一历史时期促进生产力发展的相对真理的认同，防止思维训练的绝对化。

（4）活动性与优质性原则

所谓活动性就是保证学生参与学习活动的时间，所谓优质性就是保证学生参与学习活动的质量。一般情况，一节课的 2/3 以上时间，让学生参与学习活动，读书、质疑、讨论、答问、演讲、互评、做卡片、整理笔记、作文等，有时还安排时间到图书馆查找资料。

为提高学生参与学习方法活动的质量，要特别注意强化质疑这个环节，因为学生能提出问题本身就说明他动脑筋思考了。学生参与学习活动可分为三个层次：浅层次参与（一般的朗读、复述和简单问题的答问、讨论、有准备的演说等，这种参与对活跃课堂气氛、调动学习较差学生的学习积极性有好处，但思维训练不够），较深层次参与（自学提出问题，归纳文章要点，分析内容写法，比较同类或异类文章异同，观察生活现象或阅读短文引发议论等，其参与特点是这些活动伴随着积极的思维活动，智力得到较有力的开发）。深层次参与（即创造性参与）。一堂课，初中生所参与的活动也应有一部分属于较深层次和高层次参与。

（二）创造性思维与创造性教法

要培养学生的创造性思维，教师的教学方法必须具有创造性。教学方法是为了达到教学目的所采用的手段，既包括教师教的方法，也包括学生学的方法。教学方法的优劣，从某种意义上说，决定着教学水平的高低，并直接影响着学生的学习情绪、思维紧张程度以及学生对教材的识记、理解与应用的水平。

凡是符合下列原则的教法，均可称是创造性教法。

第一，善于诱发学生的学习兴趣，促进学生主动地、积极地探索知识。

第二，能激发学生积极质疑，提出有水平的问题；并能诱导同学对提出的问题进行钻研、讨论，寻求多种解疑的方法，从而得出正确结论。

第三，对学生有创见的答案给予鼓励，以不断激发学生的创造潜力。

第四，教师在班集体中以一个成员的角色出现，和学生建立平等的师生关系；创建愉快、和谐的学习气氛，使持有不同观点的学生，敢于发表自己的见解；使学习上的后进生消除自卑心理，敢于参与争论；使每个学生都能得到表现自己的机会。

第五，训练学生具有评价他人和评价自己的能力，发展学生的批判性思维。

第六，鼓励学生不迷信书本，不迷信教师，敢于独立思考，树立追求真理和发展真理的信心和勇气。

(三) 创造性思维与创造性学法

随着社会的发展，教师的重要任务显然不再是如何传授知识，而是引导学习，帮助学生掌握科学的学习方法。要培养学生的创造性思维，教师不仅要重视研究教法的创新，更重要的是要研究学法的创新。其实学法是教法的出发点，也是教的归宿。

1. 探索"课前预习——课中对话——课后拓展"的互动学习策略体系

（1）预习引导策略

从读通课文到读懂课文，从读有收获到读有疑问，分步提高，螺旋上升，最终达到自学语文的能力基本形成。具体讲，该策略的研究内容包括，预习指导的渐进性（要求读清内容——读出思想——读出疑问）、预习资源的开发，包括合作资源（家庭式、小组式合作预习）、信息资源（如家庭书柜、教室书吧、学校图书室、校外书店、网络、电视音像材料）等。这种预习策略为学生的独立阅读提供了广阔的空间，不仅有利于适应学生的多元智能，培养自学能力，同时也是充分利用学生个体资源的积极措施，是落实"先学后教"原则的重要体现。

（2）预习展示策略

其具体操作步骤是："二读"（自主读通课文、读会生字词）；"三说"（说文章的相关材料、说自己读懂什么、说自己是怎么读懂的）；"一问"（问预习中的疑难问题）。这不仅可以使学生获得成就感，也能使学生之间互相借鉴、互相启迪，从小学会欣赏别人、尊重别人。

（3）课中对话策略

课堂上，教师要积极鼓励学生敢于提出自学过程中的疑问或困惑，并结合教师个人对教学材料的理解，引导学生筛选有研讨价值的话题，对课文中的重点、难点引导学生展开师生、生生、师生与文本、作者之间的对话研读。可采取个人自学——小组合作——大组交流的方式，围绕问题展开互动教学。

（4）课中实践体验策略

具体做法是，在学习过程中根据不同学习内容和语言训练的要求，为学生创设多项互动学习的机会，调动学生的手、口、眼、耳、鼻、脑等多种感官参与语文学习。比如读书竞赛活动、游戏表演活动、歌咏绘画活动、观察欣赏活动、讨论辩论等实践体验活动。"课中实践体验策略"遵循的是"互动——发展""做中学"的原则，以各种形式的互动来解放学生的身心，打破传统教学的沉闷灌输，使课堂焕发出勃勃生机。

（5）课中语言再造策略

这一策略是着力体现"语文学习要促进学生语言发展"的宗旨，围绕"语文"这一语言训练载体展开听、说、读、写等实践活动，如成语展示会、吟诗会、故事会、想象作文、图文日记、设计校园警示语、为家乡设计宣传广告、写调查报告等，使学生在一种轻松愉快的互动环境中学习知识，发展能力，获得情感、态度价值观的体验。

（6）课后拓展延伸策略

互动学习除了学习方式的多维还包括学习空间的多维，不仅在预习、课堂教学环节中体现，还拓展延伸到课后的学习活动。在拓展延伸互动阶段，教师通过设计一些与课堂学习密切相关的活动内容，如查找资料、交流学习方法和体会、合作完成学习任务、参加社会实践活动等，为学生提供与人、与文本、与生活、与社会、与自然交流的广阔空间，让学生在活动中获得各方面的发展。

2. 培养互动学习的习惯

"互动——创新"学习模式的实施步骤：

课堂教学过程中，学生自主预习、自主探究、自主发展，让学生在师生、生生、师生与文本、学习环境等互动学习中，学会学习、学会思考、学会创新的一种学习方式。

"自主预习"是前提。是指预习新知识（包括教材和与教材相关的参考资料）过程中采取同化和迁移的策略，搭建自我认知结构。它是培养学生自学能力的重要途径，也是掌握知识、运用知识，培养创新思维的基础。

"自主探究"是关键。是指在形成自我认知结构的基础上，用自己向自己提问（或同学之间，或师生之间）的互动形式，加深学生对知识的理解，沟通新旧知识的联系，培养学生分析和解决问题的能力，这是师生对自我认知结构进行检验的关键。

"自主发展"是目的。是通过师生、生生、师生与学习环境等多维互动，解决各种疑问，让学生形成独特见解，培养研究性、创造型人才。这是互动学习模式的最终目的。

"自主预习、自主探究、自主发展"，是一个既相互联系又逐步递进的认知发展过程。

"互动"是把教学活动看成是一种人际交往的信息动态生成过程，是必须借助于多种媒体形式来实现的，它不仅要求师生动口、动手，更要动情、动思，把肢体、思想、情感的"互动"与文本、作者、环境的"互动"有机结合起来。在建立师生平等的情感基础上，采用师师互动、师生互动、生生互动等多种互助合作方式，优化教师与学生、学生与学生之间的交往，促进学生个体主动地学习、创造性地发展。"互动"不仅渗透在授课过程中，还包括课前、课后的互动。

第三节　语文教学中创新思维培养重要性及策略

一、语文教学中培养创新思维的重要性

(一) 教育发展的需要

创新教育能够反映出时代精神，是一种新的教育理论。传统教育，只注重知识的继承，不利于创新思维能力的培养，学生的创新精神和创新意识得不到锻炼，飞速发展的社会又迫切需要创新型人才，所以培养创新思维能力就成为教育改革的必然。目前创新是一个备受关注的话题，又是教育体制、机制、课程改革的难点问题，所以新的课程目标要求，学生要对世界和未来要有浓厚的兴趣和高涨的热情以及高度的敏感性，要对各种不同的创新进行积极的探索，更要大胆对未知世界进行探索和发现，用新的意识、新的方法解决问题。课程目标在"表达与沟通"这个环节中也对创新有明确的要求，包括写作和口语交际，体现出表达和交流要用新的思想和理念。因为学生肩负着接收者和思考者双重身份，学生在写作过程中，不仅是一个学习的过程，也是一个积极思考的过程，写作不能是简单的照搬照抄，不能被动学习、模仿他人，要参与到其中，更重要的要在写作过程中进行深入思考，有自己的观点和个性，能提炼出新的东西，这样才能写出好的文章来。新的课程还要求教育者在教学实践过程中发展学生的创新思维。以前谈到创新时，想到的都是发明创造，认为语文、数学、生物、地理等课程没有什么创新的必要，对创新能力的培养

比较轻视，语文科目也没有承担培养创新思维能力的责任。新的语文课程标准已经提出了新的要求，语文科目要承担其创新思维能力培养的任务和促进开发其他学科领域的任务。不仅在本学科开拓创新能力培养的新途径，还要为培养其他基础学科的创新思维能力做出贡献。当今社会发展迅速，迈入了知识经济的时代，人类的创新能力已经成为经济发展的源动力，成为国力增长的重要因素。我国的教育更面临着新的挑战，传统的教育教学模式已经不能适应日新月异的时代发展的需要，培养创新思维能力已经成为教育改革迫在眉睫的新任务。

（二）认知水平提高的需要

知识没有永久性的，对于一个人的职业生涯来讲，知识就像是食物，是有保质期的；产品超出保质期，是要坏掉的；知识如果没有更新，就无法正确指导实践。知识更新周期是衡量世界总体发展速度的重要指标。随着社会的发展，知识更新周期越来越短。所以，对于知识，不仅要积累，还要及时不断地更新，这样才能使知识成为改变命运的第一推动力。

过去我们理解知识比较肤浅、片面，认为那些客观被证实的知识才算是知识。随着人类社会的不断发展，那些客观的知识已经不是知识的全部内涵，曾经被忽略的、隐藏的知识比如思维方法，也成了知识的另一部分内涵。今天科技的迅猛发展使思维科学变得越来越重要，这就不能不促使对当今的教育进行反思。每年国家对教育进行了大量的投入，换来的收效甚微，学生"高分低能"的现象比较严重。教育中，我们忽略了什么？结论是忽略了对学生的创新思维能力的培养，对知识的理解。当今社会发生了质的变化，不再单单局限在认知范畴，而是扩展到应用范畴。过去不认为是知识的技术、能力、技巧等，现在都已经成为新的知识。过去认为继承和传递文化就是知识的功能，现在知识就是资源，就是资本，知识的作用被人们越来越重视；过去的知识人们都是用大脑来储存，推崇的是博古通今，现在则由单一的大脑储存走向大脑和电脑并用的双向储存，信息量更大。过去传递信息的方式是口耳相传，现在高科技的卫星、多媒体走进千家万户，广泛应用到各个领域。由此可见，当今的知识已经深入到思维这一层面，不再仅仅是那些看得见的客观知识，这样的现状要求教学要有所改变，培养学生创新思维的能力势在必行。

二、语文教学中培养学生创新思维的策略

(一) 语文教学中培养学生创新思维的前提是教学观念的创新

1. 修正旧的培养目标，重视学生创造性人格的培养

以往的语文教学，老师以教学大纲和教学参考资料作为授课内容的标准，学生则以老师的讲授为依据，形成了死板、教条的教学模式。另外，老师和学生都有应试教育的压力，使很多教学结论同一化，答案标准化、唯一化，老师和学生的思想都被禁锢住。学生就像是一只玻璃瓶，配合老师完成教学任务，老师把教学大纲规定的每项任务装进瓶子里，学生就得消化吸收，完全没有自己的思想和思维。在这样的情况下，既谈不上创新思维也谈不上创新活动。传统教育也没有重视情感方面的活动，没有把学生丰富的情感、生动的思想表达出来，只是简单地教授知识，机械地锻炼学习方法，严重地忽视了学生最有力的情感因素，这样是不可能培养出具有创新思维能力的人才的。

良好的心理因素，是有助于创造性思维的开展的，它能够使人自由地表达情感。人是教育的出发点和归宿，人的个性、潜能、价值是高于一切的。心理学表明，人只有在感到心理安全时，思维才处于最活跃的状态，创造力才能发挥出来。一个人如果在一个被尊重、被理解的气氛中，就会迸发灵感，离开僵化教条走向生动灵活，离开被动走向主动，离开传统走向创新。同时，老师在教学中，要摒弃那种墨守成规的教学方法，创造一种和谐的氛围，使学生能够融洽地在一起，集体讨论，平等交流，学生能够享受民主的待遇，心情愉快地投入到学习中。要强化学生的无意识的创新，学生能有一个自由想象的空间，有机会充分发表自己的感想，老师对学生提出的创新思维给予支持和肯定，信任学生的大胆构思，鼓励学生放手创造，勇敢设想。对于学生的一些不合常理的大胆尝试，老师要给予鼓励，别轻易加以否定、不要树立教师权威、要淡化课本权威，要创造一个自由民主的研讨氛围，让学生抛开一切顾虑，减轻学生的压力，平等地加入对知识、对真理、对科学的探索中，"不唯书，不唯上，只唯实。"把上的每一堂课，都当作是对理想的一次探险，充分调动学生的积极性和创造性，提高学生智力的开放度、思维的活跃度，唤醒每个学生的创新意识，使学生的语言和思维的创新能力得到较大提高。

2. 尊重学生学习的自主性

要做到尊重学生学习的自主性，就要求教师在课堂教学中，必须做到以学生为主体，让学生成为课堂的主角。要运用高效率的教育手段，把学生学习的主动性、创造性、学习

兴趣最大程度的提升上来。在课堂教学中，过去的传统教育和现代的创新教育有一个重要的区分点，就是学生与教师到底谁是核心。传统的教学过程最大的问题就是把教师当做教学的关键，学生处于被支配的位置，这大大打击了学生学习的主动性和创造性。创新教育要求学校要为学生服务，学生是教学的主体，教师在教学过程中只是起引导的作用。这样的教学方式才更有利于学生自主性和创新思维的培养。创新思维的培养是开展创新教育的灵魂，而创新思维的培养又离不开学生创新个性的养成。一个人的个性是相对稳定的，包括人的心理特征的许多方面，如兴趣、意志力、气质等。通过创新性实践，发挥学生个性中有优势的方面，这样能够最大程度地激发学生潜在的创新能力。新课程改革的终极目标就是让每位学生更好地发展，要想达到这一目标，我国的国民教育就必须摆脱传统教育、传统思想观念的束缚，给所有的学生一个充分发挥自己能力的空间去自主学习。要尊重学生学习的自主性，激发学生的学习兴趣，鼓励学生们不畏困难，积极探索。教师要看到每名学生身上的潜能，相信每名学生都有自己的特长，这些都是培养学生创新思维必须要做的。

3. 强化学生的问题意识，学会质疑问难

思考其实是人脑固有的特性之一，培养创造性思维能力的主要任务是培养思考能力。这种思考就是将古代的、现代的、本国的、外国的、个人的、社会的等多方信息综合以后，把形成的各种观点进行冷静思考，具体分析事件的起因、现状以及未来发展趋向，并据此得出结论。如何才能引导学生勇于思考并善于思考？就是要给学生创造一个能够思考的环境，遇到问题要独立思考为什么，要学生提出自己的问题，以及对问题的看法和解决问题的做法，鼓励学生大胆假设，在和谐、民主、平等的课堂气氛中，充分展现自己独立思考的结果。能够提出问题更胜于能够解决问题，要创设问题意识环境，启发引导学生独立思考，让学生提不同的看法和见解。只有在活跃、宽松、民主的课堂氛围中，学生的问题意识才能充分表露和发展。对新生事物的质疑，对各个领域知识的不同看法，思考问题的"别出心裁"以及特立独行的想法，只要是有创新的苗头，都是值得充分肯定的。对于学生总结出的具有合理意义的、有价值的理论，教师应该给予进一步的引导，找出其中的闪光点。学生只有先能够发现问题，才能够去探索方法，解决问题。寻找解决问题方法的过程，也是创新思维的过程。要有一个设想问题的环境，从疑问开始，使之成为创新思维的原动力，教师再根据教学过程中的基本原理、方法，精巧地设计出问题，以弥补学生考虑欠缺的地方。还有一个学习上非常值得注意的问题，就是在重难点、思维空白等地方提出的问题要有一定的高度，要能引起学生的纵深思考，让学生的认识有一个质的变化。在设计好提问的基础上，教师要启发学生沿着问题的思路继续思考，并独立地探索、研究、

解决问题，激发学生创新思维的热情。

（二）语文教学中培养学生创新思维的关键是管理的创新

1. 校长观念的创新

一校之长，作为教育思想的领导者和实践者，应该成为创新教育理念的先行者、教学改革的排头兵，要担负起深化教育体制改革落实者的重任。要想在语文教学中培养学生的创新思维就必须有管理的创新，而管理要想创新，最重要的就是校长观念的创新。首先是校长要转变思想观念。校长要做教师转变观念的引导人。虽然新课程理念已初步形成，但有些教师依然没有摆脱传统教学观念的束缚，还有形式化的教学现象存在，旧的教学观念转变不到位，新思想、新观念、新做法还没有完全应用到教育教学中去。谁能作为这种转变的急先锋？只有校长。校长要高瞻远瞩，预见未来，理性思考，促进和影响教师观念的转变。其次是校长要转变教学观念。校长自己要有新的教学理念的同时，要把教师引导到素质教育的轨道上来。摒弃传统的教学理念，不仅教师和学生的关系要改变，校长和教师的关系也要改变。校长要改变以往任何事情一人说了算的习惯，要与教师、学生做朋友，共同学习、共同进步、共同发展。最后也是最重要的就是校长要有创新观念。无论是在用人机制上还是课堂教学模式上，或是教育科研上，这样才能促进学校新的发展。校长要转变评价观念。过去对老师的评价，过分注重教学大纲的完成情况、学生考试的分数情况、升学率情况，现在要转变为教师职业道德执行情况、培养学生自我学习能力情况、教学设计理念更新情况、尊重学生了解学生情况等。

2. 教师的创新思维培养

（1）教师要提高自身的创新能力

教师是国家教育发展和人才培养的关键，实施科教兴国战略，离不开教师的默默耕耘。现阶段，我国越来越重视对学生的创新思维能力的培养，这也就给教师树立了更高的目标。教师必须有创造性思维能力，这是和学生的创新思维能力紧紧联系在一起的，只有老师首先做到创新，学生才能在其引导下，发挥创新能力。

作为教师，尤其是语文教师，肩负着培养学生创新思维能力的责任，就这点来说，他们是培养学生创新思维能力的关键。俗话说打铁还需自身硬。教师必须具备较强的创新意识和创新能力，提高创新思维的素养，在创新实践中找出培养学生创新思维能力的规律，采用新方法，发掘学生的创新潜能，将传授知识和培养创新能力紧密地结合起来；要多层次、多渠道地发现学生的闪光点，用教师的主导作用和自身的高素质，带动学生创新思维能力的提高，让那些能力差、素质低的学生也能迎头赶上；要做到不看低任何一名学生，发掘每个人的优点，使其创新意识在实践当中得以展示；要打破传统观念束缚，破除旧的思维模式，教师自己要站在新的高度上，积极探索，锐意进取，提高自己的感召力。同时，教育行政主管部门要改革教师考核制度和教学机制，使教师放下包袱，轻装前进，调动教师的积极性，自我完善，创新激励模式；工作上不仅要重量还要重质，不仅要看职称更要看能力，看有没有创新意识和创新举措。只有从根本上重视创新能力的培养，教师才能充分发挥自己的个性，学生也才能真正地成为创新思维能力培养的主角。

（2）避免烦繁、琐碎的量化打分

随着国家对教育越来越重视，许多学校为了提高升学率，对老师实施了量化打分的制度。量化考核原本是企业为了提高员工的工作效率和工作积极性而设置的，具有相当的合理性，但是运用到教育当中却是值得商榷的。因为一个人的知识水平是很难量化的，对学生的积极影响更是无法量化的。教育的最终目的是为了学生的发展，这是所有教师共同的目标，很多责任是大家共同承担的，也无法去分解量化。学校量化打分的标准主要是教师所授课班级的学习成绩，成绩好的班级教师打分就高。有的学校甚至对于成绩经常排末尾的老师给予下岗的处罚。这样的制度使得教师们无法以平和的心态投入教学，只关注学习成绩，根本谈不上去培养学生的创新思维。所以，学校的管理者应该把眼光放长远，本着真正为学生发展的终极目的，科学合理地制定管理制度，给教师更多的创造空间，更好地发挥每名教师的专长。

（三）语文教学中培养学生创新思维的保证是语文课堂教学的创新

1. 创设想象情境

在特殊的境况和特定的条件下，灵感就会随之产生，老师应加以诱发，为学生产生灵感提供温床。写作这一板块是培养学生创新思维最好的地方。如何激发学生创新的热情，提高学习兴趣，是当今摆在教师面前的艰巨任务。要使学生身临其境，大胆想象，抓住某一瞬间闪现的新奇想法，这样写出的作品才生动。假如要写一篇关于春天的散文，老师除了用传统的教学方法引导学生回忆大诗人或大文学家的名作外，为了使春天的描写更加真实独特，还可以带领学生走到郊外，去踏青，去感觉，去体验春天的气息。通过观察、思考后结合自己的感觉，加以综合想象，把自己眼中的春天勾勒出来。最重要的一点是，教师要灵活运用自身的创造性元素，引导学生展开丰富的联想，进行创新思维，把自己的生活经验和知识积累运用到写作中，这样学生的创新思维才能在写作中得到开发，写出的文章也更加优秀。注意到了这些细节之后，学生的创新思维能力将得到较大的提高，就能培养出越来越多的语文创造天才。

2. 在课堂上引导学生合作探究

中国的语言文化博大精深，源远流长，其中也包含着卓越的创造力。语文教师应该顺应时代，与时俱进，改变传统的教学观念，要让学生懂得，掌握死记硬背的知识并不是学习的目的所在。现在处在知识爆炸的年代，知识日新月异地更新，要永远保持一颗探索之心，对新鲜事物保持浓厚的兴趣。调整教学方式，将注入式教学变为合作探究式教学，旨在培养学生的创新思维能力，有意识地提出问题，寻求解决问题的方法。这种探究式学习，要求教师引导学生进行研讨，理清文章的整体结构，进行一些粗线条的认识；和学生密切合作，培养团队意识和协作精神，开展民主谈论。对于一些不得要领的问题，老师要抓住重点，不能放任自流，要抽丝剥茧，深入细致，对精要语句和晦涩难懂的问题要重点讲解，要有启发性。

3. 语文课堂教学要加强趣味性

作为一门最基础的学科，语文本身具有一定的趣味性，但是还有很多学生不喜欢语文，把工夫都用在数理化上，主要原因之一应该是传统的语文教学僵化、刻板，无法激发学生的学习兴趣。甚至有的老师把课堂变成了说教场所，很多做法也只是流于形式，没有活跃的气氛，没有美感，使学生对语文都失去了兴趣，就更不用说在语文学习中培养创新思维了。学校总讲，要让学生由被动学习变成主动学习，由"要我学"变成"我要学"，怎样实现这种转变呢？那就是要培养学生的学习兴趣和创新思维方式。培养的方法也有许多？比如，灵巧运用导语，创造意境，营造出吸引学生注意力的良好氛围，将学生的思路引入到所讲的课文意境中去。还要使用生动幽默的语言，活跃课堂的气氛，消除学生的紧张心理，使学生放下包袱，展开联想，活跃思维，轻松地领会所学知识的魅力。此外，还可以灵活运用讲故事方式。人生如果没有故事会多么平淡，同样，语文教学没有故事，课堂也不会生动。几乎没有学生不爱听故事，只要老师一说，"我给大家讲个故事"，学生的兴趣马上浓厚起来了，变成了推动学习的一种动力。老师再顺势引导，结合课文的内容，融进最新的信息，启发学生的新思维，整个教学过程就会取得良好的效果。所以说，兴趣是学生最好的老师。作为一名语文教师，要牢牢把握这一点，采取各种办法，充分调动学生的学习兴趣，让学生在一种轻松、愉快、民主的气氛下提高创新思维能力。

第六章 基于核心素养的初中语文学习任务群的构建

第一节 语文学习任务群下的项目化学习概述

一、语文学习任务群的阐释

(一)语文学习任务群的概念界定

语文学习任务群,是教师在真实情境下,整合语言学习素材,设计语文学习项目,让学生通过言语实践活动,完成语文学习任务,提升语文核心素养的语文教学实践新形式。

(二)语文学习任务群教学的基本模式

在语文学习任务群定义中,包含了语文学习任务群的实施逻辑,所以借由蔡可教授的话语和语文学习任务群的定义,可以归纳与总结出语文学习任务群教学的基本模式,即:整合学习素材——创设情境——任务驱动学习——监控教学活动——学习成果评价分享。下面,对语文学习任务群教学的基本模式的流程进行分析。

1. 整合学习素材

语文学习任务群的教学,由教师对学习素材进行筛选与整合开始。教师在语文教材内、外,筛选符合学生身心发展、学习认知水平的学习素材,并以将要教学的任务群主题、特点为中心,整合出能呈现在学生面前的教学内容。

2. 创设情境

语文学习任务群的教学,应该为学生拟建出基于真实生活的情境,并让学生在此情境中完成学习。这种语境对学生而言是真实的,是他们在继续学习和今后生活中能够遇到的,也就是能引起他们联想,启发他们深入思考,从而在这个思考过程中获得需要的方法,积累必要的资源,丰富语言文字运用的经验。

3. 任务驱动学习

在语文学习任务群的教学中，教师要为学生布置一个具有学习兴趣、学习动机的学习任务，或是学生在教师的引导下，选择一个方向任务进行学习探索。教师所布置的任务要依托于所创设的情境，并且任务的完成目标要与语文学习任务群的学习目标保持一致。

4. 监控教学活动

在语文学习任务群的教学中，教学活动的环节不能完全由学生进行，为了保证任务的达成、完成预期的教学目标，教师要对学习的学习活动进行必要的监控。

5. 学习成果评价分享

学生完成语文学习任务群中的任务后，学生可对完成任务时产生的学习成果进行分享或是交流完成任务时的经验心得。根据学生平时的任务完成参与度和个人或者集体的任务成果汇报，对学生的学习进行自我评价、同学评价和教师评价。

二、项目化学习的阐释

(一)项目化学习的概念界定

项目化学习经过众多学者的阐明释义，对其概念有了相对成熟且稳定的界定。在一系列的概念界定中，美国巴克教育研究所做了较为详实的概念界定：学生在一段时间内通过研究并对一个真实的、有吸引力的和复杂的问题、课题或挑战，从而掌握重点知识和技能。项目化学习的重点是学生的学习目标，包括基于标准的内容以及如批判性思维、问题解决、合作和自我管理等技能。

(二)项目化学习的基本模式

项目化学习除了概念与核心要素外，也有着实施的基本模式，现就对项目化学习的基本模式作简要说明。

1. 确定项目主题

项目化学习的项目主题与将要学习的课程内容或单元任务主题有着密切的关系。教师根据课程要求与学生的学习能力制定项目主题，学生根据自己的能力和兴趣在和小组成员的协调之下确定本组的项目学习方向。

2. 设计项目方案

项目方案是项目化学习的行动指南，在项目化学习之前教师要对所进行的项目活动有所预估。在设计项目方案中，教师要对所要展开的项目化学习的知识技能做出合理的筛选，要明确所进行的项目化学习活动的学习实践类型，要设计出合理规范的评价表格，也要对项目化的起止时间进行计划安排。最重要的是选取贴近实际生活的问题来驱动项目化学习的进程。

3. 创设项目情境

项目化学习的项目情境与项目方案中的驱动性问题相辅相成。驱动性问题为项目化学习提供了直接的动力，项目情境则为项目化学习的推进稳定了方向。所创设的项目情境要从现实生活当中提取，确保创设的情境是学生能在真实生活中遇到的情境。

4. 实施项目活动

实施项目活动是项目化学习由理论转向实践的关键所在。学生根据指定的项目方案计划采取相应行动，通过实地考察、互联网搜集、课堂交流、采访访谈等学习形式，搜集完成项目所需要的资料，并对材料进行筛选，小组讨论交流，分享收获，最终得出解决问题的方案。值得注意的是，在实施项目活动的过程中，学生个人或小组组长要对项目活动中的心得体会做好记录，以便对个人和小组的学习情况进行监控、评价。

5. 制作项目作品

学生将项目活动中收集到的资料、数据、材料进行整合，共同交流、讨论后制作本组的项目作品。学生完成的项目作品要能切实反映学生的学习心得体会，即项目活动中每一个环节所收集到的数据材料都要在项目作品中得到体现。项目作品是学生小组合作的结晶，在制作项目作品的过程中，教师可以给予一定的帮助。

6. 学习成果展示与交流

学习成果的展示与交流是对学生的项目作品进行展示与交流的环节。在展示方面可以利用多媒体，也可以利用口头、书面的形式甚至交流展会的形式进行。而在交流方面，则是对展示的质量进行主观性的输出与评价，小组成员可以推举一位发言人进行宣讲交流，也可以采取互动提问的方式促进学生的沟通。学习成果展示与交流可以看作是项目化学习的评价环节，教师可以要求学生做好交流记录，在展示与交流完毕后对其他小组进行评价。

7. 项目活动评价

项目活动评价在项目化学习中不一定是单独的一个环节，如上文所说，项目活动的评价可以在学习成果展示交流展中完成。项目活动的评价一般分为组内评价和组外评价。组内评价一般由小组组长完成，主要是对学生的行为表现进行形成性评价，学生在实施项目活动与制作项目作品时所记录的表现情况与心得体会是为组内评价的依据。在有条件的情况下，学生的自我评价与小组内其他成员相互评价也必不可少。组外评价由其他小组的成员与教师进行。在组外评价中，小组成员的评价可以采用终结性评价的方式为其他小组进行赋分评价，排位名次；也可以口头点评的方式对项目成果进行表扬或批评。教师的评价方式则以点评为主，结合自身在项目活动中的观察给予学生客观中肯的评价。无论采取哪种评价方式，教师都要设计出相应评价表格以便学生填写和资料存档。

三、语文学习任务群下的项目化学习的阐述

（一）语文学习任务群下的项目化学习的概念界定

"语文学习任务群"与"项目化学习"在教学中有着不少的关联。第一，在对待学习知识方面，二者都在突出整合的理念。语文学习任务群通过整合学习素材呈现任务群教学内容，项目化学习通过整合学习知识来确立项目主题。第二，在推进学习展开方面，二者都采取方法让学生自行探索。语文学习任务群强调"任务驱动"的理念，用学习任务的方式，展开学生的学习；项目化学习通过设置驱动性问题的方式来吸引学生的注意力、点明学生的探索方向。第三，在设置学习情境方面，二者都强调设置来源于生活的、真实的情境。第四，在实际学习方面，二者都强调学生要进行学习实践。语文学习任务群通过言语实践活动的方式，让学生在完成语文学习任务中提升核心素养；项目化学习，通过真实、复杂问题的探索，让学生掌握重点知识和技能。第五，在合作学习方面，二者都内涵学生合作探究的要求。语文学习任务群或是项目化学习，其学习内容与学习要求均为单篇课文学习的数倍，学生只有在相互合作的学习条件下，才能顺利地完成学习任务，提升自我。第六，在输出学习成果方面，二者都突出学习成果的分享展示。第七，在评价学习方面，二者都强调评价主体的多元化。语文学习任务群根据学生完成任务的参与度与学习成果，让学生进行自我评价、同学评价和教师评价；项目化学习则是将自我评价和同学评价结合为组内评价，将同学评价和教师评价结合为组外评价。

依据二者的关联，不难发现在语文学习任务群下进行项目化学习有一定可行之处。据此，对"语文学习任务群下的项目化学习"的概念做出如下界定，即语文学习任务群下的项目化学习是用项目化学习的方式进行语文学习任务群的教学，以语文学习任务群的核心知识为学习对象，创设语文学习任务群的学习情境，让学生在完成项目任务，进行言语实践活动，输出学习作品中，掌握任务群知识和技能。

(二)语文学习任务群下的项目化学习的基本模式

因为语文学习任务群下的项目化学习带有语文学习任务群的特点,所以在教学的基本模式中,语文学习任务群下的项目化学习并没有直接用传统项目化学习的基本模式,而是进行了部分的改造与转化。其中最大的不同之处在于,语文学习任务群下的项目化学习依据语文任务群教学的规律,将项目化学习中的"设计项目方案"环节进行拆分,将项目方案的具体内容依次落实。具体如下。

1. 确立任务群项目主题

语文学习任务群下的项目化学习需要在学习的一开始确立项目主题,但项目主题的确立主要依赖各个语文学习任务群的核心知识。

2. 设计驱动性问题

语文学习任务群的教学提倡"任务驱动"。在语文学习任务群下的项目化学习中,将以项目化学习的"驱动性问题"来进行任务驱动。驱动性问题为项目化学习提供了直接的动力,并贯穿项目化学习的始终。从驱动性问题的效力来看,设计出合理的驱动性问题,能在语文学习任务群下的项目化学习中很好地落实"任务驱动"的要求。

3. 创设任务群项目情境

语文学习任务群下的项目化学习在展开时,同样需要一个项目情境。项目情境与驱动性问题有着紧密的联系,不过在所创设的情境中还需要对任务群的学习内容进行关联,以确保项目情境的服务对象为任务群学习。

4. 实施任务群项目学习

语文学习任务群下的项目化学习在实施任务群项目学习时,要以项目文档的形式对任务群学习活动进行规划。在项目文档中要明确标注现行的学习阶段,目前的学习内容,以及学习活动的实践形态。

5. 交流评价学习成果

在语文学习任务群下的项目化学习中,学习成果的交流与项目化学习并无太大区别。主要的区别在于要保证学生完成的学习成果是带有语文课、语文学习任务群属性的学习成果,交流的方式也要符合语文学习的习惯。在评价方面,语文学习任务群下的项目化学习的评价可以由监控学生完成学习成果的过程评价和交流学习成果的最终评价构成,可以设计不同的评价量表供评价者填写从而完成评价。

第二节　初中语文学习任务群下项目化学习的实施策略

一、依据任务群特点，整合任务群知识

语文学习任务群下的项目化学习同传统项目化学习类似，一开始也要确立项目主题。不过每个语文学习任务群都包含了不同的学习内容，语文学习任务群下的项目化学习也应以此为方向，确立项目主题。语文学习任务群所指向的学习内容也是该任务群下的语文核心知识的整合集合，所以要通过整合语文学习任务群的语文核心知识，来确立语文学习任务群下的项目化学习的项目主题。在整合语文学习任务群的核心知识前，首先要把握语文学习任务群的特点，并剖析各个语文学习任务群的内涵。

（一）不同类型语文学习任务群的特点

语文学习任务群的特点大致上可分为两类，一类是"实践类"，另一类是"文化类"。

"实践类"的语文学习任务群包括"整本书阅读与研讨""当代文化参与""跨媒介阅读与交流""实用性阅读与交流"和"汉字汉语专题研讨"，这5个学习任务群有着独立性与未完成性的特点。所谓的"独立性"是指，该类学习任务群的学习内容独立成体系，学习内容完全是为该任务群准备且仅为该任务群服务的，不存在所谓的"穿插"余地，若是进行穿插与整合，那么该任务群的学习目标将会被直接解构。在统编本新教材中，"独立性"的表现就是"实践类"语文学习任务群们独自构成一个综合单元。

所谓的"未完成性"是指，该类学习任务群的学习内容可以在仅确定任务群主题的情况下后行生成，并不需要在确定任务群主题之时凿定学习内容。例如在"整本书阅读与研讨"学习任务群的主题之下，应选择一部长篇小说和一部文学著作进行阅读。完成该任务群的具体步骤还需任课教师一步一步地去规划并落实。

"文化类"语文学习任务群包括"语言积累、梳理与探究""文学阅读与写作""思辨性阅读与表达""中华传统文化经典研习""中华传统文化专题研讨""中国革命传统作品研习""中国革命传统作品专题研讨""中国现当代作家作品研习""中国现当代作家作品专题研讨""外国作家作品研习""跨文化专题研讨""科学与文化论著研习"和"学术论著专题研讨"，这13个学习任务群有着包容性与联结性的特点。所谓的"包容性"是指，"文化类"语文学习任务群的学习内容很难聚焦至一个"点"，"点"在此处指向一套名

著、某个文化事件、一部电影等主题深刻的单个语文素材，而是天然性地会选择多个共同主题的语文素材来组织成为一个"面"。因此，该类学习任务群为了完成任务，会尽可能多地容纳多个语文素材。在统编本新教材中，"包容性"则表现为，以各个单元的"人文主题"包容起一篇又一篇的不同时期、不同体裁、不同主旨的选文，甚至首次在语文教材中采用了"群"的概念来包容所期望的语文素材，即一个"群"内既可以有一篇选文也可以有多篇选文。

所谓的"联结性"即该类语文学习任务群有外、内两层联结。外层的联结是指该类学习任务群中，甲任务群和乙任务群直接可以相互进行联结产生并列或是递进的反应，在不破坏各自的学习目标的条件下，达到一种融合的、动态的平衡。

(二) 不同类型语文学习任务群的核心知识整合

比较两类学习任务群的特点不难发现，"实践类"语文学习任务群的学习主题显得朦胧且广泛，"文化类"语文学习任务群的学习主题则显得的聚焦而精致。在面对两类学习任务群开展项目化学习、确立项目主题时，所整合任务群核心知识的方式也应各有千秋。

在整合"实践类"语文学习任务群的核心知识时，一要准确，二要有内涵。准确是指，要明确所整合的核心知识的范围。有内涵是指，所整合的任务群核心知识要具备一定的梯度。

在整合"文化类"语文学习任务群的核心知识时，一要准确，二可以精巧。准确是指，要明确所整合的任务群核心知识的主次。精巧是指，可以整合短小精悍的任务群核心知识，以完成一至二个课时的微项目化学习。

二、设计驱动性问题，赋予提问任务效力

语文学习任务群下的项目化学习，是通过驱动性问题来落实语文学习任务群所要求的"任务驱动"，相较于"课堂提问"，驱动性问题更能吸引学生的注意力、点明学生的探索方向、激发学生学习兴趣。为保证驱动性问题的效力，在设计上应当保证必要的语文因素，所以设计驱动性问题可以从以下方面入手。

(一) 从任务群核心知识设计驱动性问题

例如在"中国现当代作家作品研习"任务群的导入问题"在过去的三十年里，哪些是在中国青少年中最流行的小说作品？"中，可以发现，这是一个可以调动学生思维，引发课堂讨论，带有"语文"属性的、合格的导入问题。但这个导入问题仔细分析后又可以

发现，因其太过具体化的属性而缺少迁移能力，学生难以将从此问题中得到的答案运用在对语文学习任务群的学习中。究其原因，是因为上述的导入问题并没有从任务群的核心知识进行设计。上述导入问题设计的出发点是"中国现当代作家作品"，即作品本身；而"中国现当代作家作品研习"任务群的核心知识至少应该是"阅读中国现当代作家作品"，即阅读行为本身。如果想以"阅读行为本身"设计驱动性问题，上述的导入问题则可以改为"在过去的三十年里，中国青少年在阅读方面发生了哪些变化？"

将导入问题更改为驱动性问题后，学生可以从"阅读作品""阅读习惯""阅读方式"等多个答案不唯一的切入点进行语文学习任务群的学习，学习的空间比之前有了显著的扩大。

(二)联系言语实践活动设计驱动性问题

语文学习任务群本身即带有言语实践活动的属性，所以从语文学习任务群中挖掘言语实践活动，联系言语实践活动并设计驱动性问题也并无不可。不过"实践类"语文学习任务群的教学更适用此设计思路，这是因为"实践类"的语文学习任务群因其独立性和未完成性两大特点，在言语实践活动方面比"文化类"的语文学习任务群更具有操作性。

(三)从争论的角度设计驱动性问题

争论型问题顾名思义，就是会引起学生争议辩论的问题。争议与辩论的形式能为语文学习任务群的教学赋予一定的驱动力。主要原因有：第一，在争论活动中，学习的重心处于争论的过程，学生的学习思维会大幅度地活跃。第二，争论型问题往往没有固定的正确答案，可以引导学生多角度地进行学习探究，并取得学习成果。

三、丰富学生学习资源，营造真实情境

在语文学习任务群下的项目化学习中，教师要依据语文学习任务群的学习内容和学生学情的判断为学生提供相应的学习资源，同时为了拓宽学习资源的选择渠道，教师也要教会学生自行收集学习资源的方法。在教师为学生提供相应的学习支持后，语文学习任务群下的项目化学习也满足了营造真实情境的两个条件：驱动性问题和教师提供的学习资源。

(一)提供手脚工具，帮助学生收集学习资源

"授人以鱼不如授人以渔"，教师为学生提供学习资源的同时也要为学生提供手脚工具，使其能收集到更多的学习资源。手脚工具的提供需要教师对学生的知识储备进行研

判，判断他们能否顺利地使用手脚工具。例如教师意图传授学生阅读策略、读书笔记策略、演讲陈述策略等策略性知识时，要确保学生具备了相应的程序性知识，这才有传授的意义，也才能发挥出手脚工具的最大效力。

语文学习任务群带有言语实践的属性，在学习资源的提供中也离不开展示用品与技术工具。展示用品例如建模用纸、手绘卡纸、展板、墨水等；技术工具例如计算机、照相机、打印机等。这类手脚工具是教师依据教学条件提供的外在支持。

除了言语实践的属性，语文学习任务群本身也带有语文知识的属性，尤其是"文化类"语文学习任务群。这类任务群所依赖的学习资源除了必要的文献类的学习资源，如社论、学报、文集、时评等之外，也有实物类的学习资源，如博物馆、文化景点、历史文物等。文献类的学习资源需要学生在教师的帮助下自主进行参考文献的筛选，这既考验学生的文献检索能力与文献阅读能力，也考验着教师对学生文献检索能力的培养。实物类的学习资源，较之文献类的学习资源更为具体，需要教师给予学生一定的调查、走访机会。

(二) 执行启动事件，营造真实情境

为了营造语文学习任务群教学的真实情境，语文学习任务群下的项目化学习为此安排了一个名为启动事件的环节。启动事件是激发学生思考，吸引学生参与到任务群学习的活动，类似于传统课堂上的"激趣导入"，不过两者在本质上有所不同。启动事件可以有很多的方式进行，如课堂讨论、参观展览、读一篇文章、听一场讲座等。

启动事件之所以能为语文学习任务群的教学营造真实情境，首先是因为启动事件是对驱动性问题的包装与呈现。在语文学习任务群的学习中，教师不可能直接将驱动性问题抛给学生，而是要对其进行包装与加工，制造一个合适的切入点来使学生进入到驱动性问题的逻辑当中。又因为驱动性问题有着执行语文学习任务群教学的任务驱动效力，所以包装后的驱动性问题为真实情境的内在架构做起了支撑，也就满足了真实情境中的"面临到的具体问题"。

其次是因为启动事件是对学习资源的高效利用与整合。在语文学习任务群的学习中，教师为学生提供的学习资源并非打印装订完备后，直接发放给学生，而是学生要在教师提供的学习资源当中进行自主选择。教师利用提供的学习资源进行启动事件的创造后，学生被导入至学习任务群中的情境中进行学习思考；在选择不同的研究方向后，学生会自觉地选择教师提供的、合适自己的学习资源。所以高效利用与整合后的学习资源为真实情境的外在包装起到了渲染作用，也就满足了真实情境中的"会出现在真实生活当中"。

第三节 基于学习任务群的初中语文读写结合教学策略

义务教育语文课程标准发布之后，最大的变化是"学习任务群"的出现，它不仅强调了整合教学理念，还突出了学生在学习过程中的主体地位，让学生在实际的活动中，提升自身的语文核心素养。同时，学习任务群的出现，也更好地契合了读写结合的整合理念，从而能够更好地优化读写结合教学效果。

一、研读学习任务群理念，深化"读写结合"教学认知

"学习任务群"这一概念对于初中语文教师来说，是一个新鲜的概念，需要教师不断地研读与学习。它打破了传统的课程板块内容，以活动为主线，整合学习内容，借助真实的学习情境，设计各种学习任务。而在学习任务群理念下的"读写结合"，要打破传统阅读与写作单向性学习任务，读与写相互作用，整体提高学生的读写能力。

(一)明确学习任务群设计理念，转化读写结合教学思维

"学习任务群"的提出是义务教育语文新课程标准的最大突破，它改变了旧课标中没有清晰且具体的课程内容情况，通过让学生参与大量的言语实践活动，对"教什么"和"学什么"的详细内容进行了进一步的优化，使育人方式从"讲授"向"实践"转变。它让学生能够在实践中学会独立思考，深入理解语文知识，从而更好地培养学生的综合素质。教师应该深入研读学习任务群的设计理念，转变已有的教学认知，尝试用新的理念进行教育教学工作。

首先，学习任务群对于义务教育阶段的师生来说是一个全新的概念。教师应该理解学习任务群特征，了解学习任务群的设计理念，这样才能更好地进行语文教学。课标中提到语文学习任务群三大特征：情境性、实践性、综合性。具体到语文教学当中，可以理解为：一是学习任务群具有"任务驱动性"，强调语文学习是以任务为导向，根据学生的兴趣和需要，把学习内容和方法结合起来，引导学生把学习重点放在解决实际问题上，引导学生主动思考与探究，提升学生的创新能力；二是学习任务群强调内容的整合，改变原有的"浅""杂""杂"的语文教学现状，语文学习是一个综合学习的过程；三是学习任务群强调做中学，"学"和"做"的统一，让学生在一项项实践活动当中了解并掌握所学知识。

其次，教师要把握学习任务群的三大要点。第一，学习任务群充分突出以学生为主体的地位，课堂以学生的学习为中心，实现从"教"向"学"的转变，教师一切的"教"都是为了学生的"学"。第二，教师所设置的任务要突出问题导向，教学内容不再是静态的"陈述性知识"，而是向"程序性知识"进行转变，让学生主动在真实情境中完成学习任务，学习任务群所呈现的课程内容不是单一的静态知识，而是一条动态的"知识链"。第三，学习任务群更加强调课程内容的结构化与整体性，它打破了以往的阅读、写作、口语交际、综合性学习等课程内容板块，以活动为主线，将原有的课程板块贯穿到整个活动当中，创造了课程内容的新范式。

再次，教师要理解学习任务群所体现的整合理念。主要是指：一是教法与学法整合在一起；二是阅读与写作整合在一起；三是教学与评价结合。在学习任务群整合理念指引下，学习目标中融合了阅读目标和写作目标，在真实的情境下设置相应的阅读任务和写作任务，阅读任务和写作任务在独立的基础上相互照应、相互融合，并依托学习任务整合学习情境、内容、方法和资源。每一个任务群对阅读和写作素养要求有不同的标准，并且各任务之间存在内在逻辑，逐步进阶。在语文课堂中，读与写相互联结、融为一体，不再将阅读与写作训练割裂开来。

总之，教师要深刻理解学习任务群的整合理念，充分认识到学习任务群理念下要将学生的学习热情进行充分地激发起来，将语文知识和内容进行系统整合，构建出一套具有层次性、系统性的学习任务，同时创设出真实的学习任务情境，在语文学习、社会生活以及学生经验三个方面，搭建出与学生认知水平相适应的学习支架，以此来推动学习活动顺利展开。

(二)树立读写结合的任务意识，增强学生的学习主动性

首先，教师要认识到阅读与写作相互结合是符合新课标课程中学习任务群的整合理念，将阅读和写作任务融合在学习任务群当中，不再进行单一的阅读或者写作训练。新课标所提出的学习任务群强调语文课程的实践性与综合性，打破了语文学习之间的板块分离的情况，将阅读与写作等板块整合在一起，整合了语文学习各个要素，引导学生运用语言的过程中提高阅读与写作的能力。

其次，教师应该树立读写融合的任务意识，有效运用读写结合的教学模式，在设计教学活动时融合读写内容，培养学生的读写意识，促进学生读写水平的提高，真正发挥读写结合教学模式的实际价值。

最后，教师要进一步改变传统"读写结合"教学认知，要深刻认识到读写任务的训练

不仅仅是提高学生的读写能力，也要尝试培养学生向更深层次的能力发展。

二、借助学习任务群，确定"读写结合点"

学习任务群下的语文教学要求以任务整合学习内容，而教材是整合学习内容的重要资源，它可以有效地帮助教师"教"和学生"学"，是教师不可缺少的教学媒介。因此，教师要充分发挥统编版初中语文教材的作用，为在学习任务群理念下进行读写结合教学奠定基础。

(一)依托文体类型，选择读写结合点

新课标中所提出的发展型学习任务群是语文学习的重中之重，三大任务群将文体进行整合，分别把不同文体的文本分为文学类文本、论述类文本、实用类文本，这三类文本基本包含了初中阶段所涉及的文体。学习任务群对文本类型进行整合有助于教师更好地选取读写结合点，但不同的文体选择的读写结合的角度也是不同的。

1. 依据"实用性阅读与交流"学习任务群的实用类文本类型

"实用性阅读与交流"学习任务群所对应的阅读文本为实用类文本，其中包括演讲词、说明文、科普文章、人物传记以及新闻消息等。以说明文为例，说明文是以比较客观的态度说明事物的状态、性质、特点和作用。学生学习说明文首先要思考文体类型，区分出事物说明文和事理说明文，重点掌握说明对象、特征、方法、说明顺序以及说明文的语言，所以教师在选择读写结合点要围绕说明文的教学重点展开。

2. 依据"文学阅读与创意表达"学习任务群文学类文本类型

"文学阅读与创意表达"学习任务群所对应的阅读文本是文学类文本，主要学习内容有诗歌、散文、小说、戏剧等文学作品，侧重于培养学生的文学审美能力，而文学的审美离不开语言的审美。比如在小说的教学当中，教师可以通过设计和小说人物语言以及叙述语言有关的学习活动，引导学生积累丰富的语言材料，观察与学习语言现象，在大量的言语实践中探寻语言规律，并将自己对文本产生的多元感受和理解记录下来。

3. 依据"思辨性阅读与表达"学习任务群论述类文本类型

"思辨性阅读与表达"学习任务群对应的阅读文本是论述类文本，可以进一步划分为论说性文本（多指一些生活哲理的论说文、领袖理论文章、经典的思辨性文本）、科学探究文章、文艺评论（随笔）等三大类。在初中阶段，论述类文本多指议论文，而议论文学习的重点是掌握议论文的三要素以及论证方法，因此教师要抓住学生学习的重点，可以将

议论文的论证方法作为读写结合点。具体的设计思路如下：

（1）教师引导学生判断选文观点是否一致，论据是否充分、论证是否合理。

（2）师生共同分析总结出课文使用了哪些论证方法。

（3）教师展示与课文类似的主题素材，学生选取部分素材并运用相应的论证方法进行微型化写作。

（4）教师抽签选取部分学生进行课堂展示，其他同学对其展示同学进行优缺点评价，教师总结评价意见，课后其他同学再对自己的作文进行修改。

此外教师要注重开展思辨性阅读，培养学生的问题意识，学生能够在面对文章表达观点时能够有自己的分析和见解，提升自己的思辨能力。

（二）依据单元编排，提取读写结合点

语文教材在单元编排上采用"双线组元"的结构方式，单元人文主题与语文要素相互照应，所以教师可以围绕单元主题和语文要素来选取读写结合点。每个单元都会设有"单元导语"和"写作指导"，单元导语的内容主要包括人文主题和语文要素两方面的内容，写作指导主要包括以课文为素材或范例说明写作知识与技巧，这都为教师进行读写结合教学提供重要教学支持。

三、聚焦学习任务群，设计"读写结合"教学活动

在学习任务群的理念下，语文学习活动更强调任务性、情境性与实践性。教师在进行读写结合教学时，要构建层级性的读写任务、创设读写任务学习情境，在恰当的时机给予学生学习支架。

（一）构建读写结合学习任务，促进学生核心素养的形成

在学习任务群这个新理念下，传统的读写结合教学课堂模式将会发生改变，教师不再主导在课堂上进行文本解读、对知识点进行讲解或者对学生进行随堂测验，而这些传统的讲授模式都会转变成学习任务。

1. 将学习内容转化为学习任务，使学生成为课堂"真正"的主人

在学习任务群的背景下，教师将读写结合学习内容转变为具有真实情境和实践意义的读写学习任务，是完成任务群教学关键的一步。教师应该将学习内容的表述转为学习任务，因为"任务"具有驱动性，在语文实际教学当中的起着引导的作用，若在读写结合教学当中，转化为任务的形式，有助于落实新课标当中所提倡的在语言运用中进行实践活

动，进一步推行语文教学改革。所以教师要转变思维，在备课的过程中要思考如何将学习内容转变为学习任务，如何设置任务、设置什么样的任务、如何能够让学生在活动中完成学习任务，最终提升语文核心素养。

对于教师而言，学习内容到学习任务的转变是一个升华的过程。学生在进行学习任务时，也需要教师在过程中进行引导，而不是由教师掌握一家之言；教师要充当的是组织者和引导者的角色，需要学生充分发挥自主性。学生能够在实践活动中发现问题、分析问题并解决问题，积累语文学习经验，进而提高语文素心素养。传统的读写结合的课堂模式需要进行这样的转变，学生应成为课堂真正的主人。

在读写结合课堂当中，教师要巧妙地把读写内容整合并设置成相应的任务。比如教师在设计小说阅读教学时，可以将学习内容转变为任务的"话语"来进行，写作背景可以转变为"我来叙缘由"，梳理文章脉络可以转述成"听我讲故事"等类似的学习任务。通过类似的学习任务一方面可以培养学生概括信息与阅读理解的能力，另一方面也培养了学生口语表达能力，同时也增强了学生自身的探究意识。

2. 构建层级性读写结合学习任务，促进学生思维逐步递升

"学习任务群"的落实关键在于创设真实的情境和以任务的形式进行学习活动的设计。"任务"指的是让学生在教师的引导下自主去解决课程设置的问题。以任务的形式设计活动是为了驱动学生主动思考，让学生在言语实践活动中学会解决问题、积累经验，从而培养语文关键能力，提高语文素养。在学习任务群的背景下，教师所布置的读写任务应该具有层级性，任务与任务之间逐层递进，螺旋式上升，能够有效提高学生的阅读与写作能力。教师应该布置的读写任务应该从低层次向高层次转变，包括四级阅读目标和与之对应的写作目标。

第一层次为理解性的阅读目标，对应的写作目标为积累型的写作目标，主要的写作训练形式包括摘要、仿写、改写、缩写、扩写、图表等形式，这也是大多教师普遍采用的读写训练形式；第二层次为解释性阅读目标，对应的写作目标主要以有写作目的学习性写作，比如写人要抓住特点、写作如何构思、如何抓住中心等；第三层次为评价性阅读目标，对应的写作目标为评论性写作，比如对经典文段进行评价、写文学短评、时事评论或读后感等；第四层次为创造性阅读目标，对应写作目标是探究性写作，主要写专题报告、观察报告、研究报告等内容。大多数的教师在布置读写任务时主要集中在前两层次的目标上，这两层的目标主要集中在语言的运用上，初读文章理解文章的主要内容，梳理文章的写作思路，分析关键语句的写作手法并对其进行仿写与改写，但教师也要根据文本要求，灵活设置读写任务，在原有的基础上适当加入新的读写训练形式。后两层属于高层次的读写训练形式，以评论性和创造性写作为主，侧重于培养学生思维能力与审美创造能力。

因此，教师应该逐步提升阅读与写作目标，由低到高，构建层级性的读写任务，在大任务的情境下，逐个划分为子任务，每个任务难度逐级递升，由浅入深地跟进学习内容，符合学生的认知发展规律，在学习任务群的理念下，将读写训练任务化，尝试布置一些高层次且具有挑战性的读写任务，让学生逐步向深度学习发展。

（二）创设读写结合任务情境，增强学生读写兴趣与体验

新课标在课程实施部分提出要创设真实而富有意义的学习情境，要能够凸显语文学习的实践性，设置的学习情境一定要符合核心素养的整体提升和螺旋发展的一般规律。教师要根据学习任务来创设贴近学生生活的情境，这些情境的创设与学习内容、学习任务是紧密相连的，要具有一定的综合性和开放性。情境的创设除了激发学生的学习兴趣之外，更重要的是为了让学生将知识转化为能力，学会解决问题。

1. 以创设真实且富有意义情境为要求

教师要明确"真实而富有意义"的创设情境要求。真实而富有意义的情境主要指学生能够在现实生活中接触到的各种场景画面且要与学生的情感发生关联，触发学生的已有经验。比如："实用性阅读与交流"学习任务群要求创设真实的日常生活场景，培养学生日常生活需要的实用语文能力；"文学阅读与创意表达"学习任务群要求创设真实的文学作品情境，能够引起学生的情感共鸣或生活体验，体会作者构建的语言世界，引发学生对自然和生活的观察与思考，将文学的体验扩大到生活中来；"思辨性阅读与表达"学习任务群要求创设的情境要能够激起学生的思考与问题意识，具有批判意识，辩证地看待问题，可以设置社会热点话题，引起学生激烈的讨论，向社会深层面去思考而不仅是分析文本的写作手法等角度。

2. 创设生活情境

不同类型的学习任务群所创设的读写情境也是不同的，具体来说，"实用性阅读与交流"学习任务群所创设的情境大多围绕学生的个人生活、学校生活、社会生活进行展开，提倡学习跨媒介的阅读与交流，所以教师要联系学生的日常生活，创设读写情境，学习活动可以采用朗读、复述、游戏、表演、讲故事、情境对话以及现场报道的形式。教师可以联系当下比较关注的热点话题进行拓展情境，具有时代性、社会性和现实性等特征。

3. 创设个人体验情境

"文学阅读与创意表达"学习任务群教学内容多为文学类文本，教师可以创设个人体

验情境，学生通过阅读文本，个人情感与文本内容产生情感共鸣，体会作者所构建的写作情境。同时教师应该注重听说读写的整合，运用多种形式鼓励学生进行口头交流与书面创作，做到阅读与写作相结合。比如教师可以采取"课本剧"的形式，带领学生创作剧本并进行展演，创设学生的个人体验。

课本剧能够让学生在个人体验的情境活动中，通过阅读深刻理解人物性格以及故事情节，并通过写作的方式表达出个人的感受和思考，能在读写结合的活动中获得读、写、审美感受等多方面的收获。

(三) 提供读写任务学习支架，助力活动顺利开展

教师在学习任务群的背景下进行读写结合的教学是有一定难度的，初中生还尚未形成良好的语文学习能力，基本的语文知识还掌握的不扎实，自身的知识储备较少，不能独立或者较为完善地完成读写任务。因此，教师要运用学习支架来辅助学生较好地完成读写任务，为学生的学习提供支撑，帮助学生树立学习信心，激发语文学习积极性。

在"读写结合"学习活动中，教师应在适当时机给学生提供如下学习支架。第一，给学生提供范例支架。范例支架是教师在教学过程中给学生呈现的例子，帮助学生在活动中更好地完成读写训练。第二，给学生提供知识支架。在学习任务群的理念下，"读写结合"的任务设计突出应用性写作，例如在"实用性阅读与交流"学习任务群与"思辨性阅读与表达"学习任务群中的教学内容与提示当中，鼓励学生进行研讨类的活动，阅读新闻报道与时事评论等内容，教师应设计学生写调查报告、活动方案、时事评论等读写学习任务，为了学生更好地完成读写任务，教师需要给学生提供相关的知识链条，整理有关调查报告、活动方案以及时事评论方面的写作知识与技巧。

(四) 利用多媒体，拓展学生读写学习空间

首先，教师在进行读写结合教学活动时，不仅要利用课本的学习资源，也需要利用多媒体搜集并拓展课外学习资源，创建读写结合教学活动新形式，实现课内外资源共生，在两方面的配合下共同提高学生的语文素养。教师可以在线上搭建互联网学习交流平台，线下课堂教学的时间和空间都是有限的，互联网可以打破时间与空间的限制，能够搜集到课堂教学内容以外的学习资源，它可以作为对课堂内容的一个补充。互联网学习交流平台不仅提供了丰富的学习资源，还给学生提供了互相交流的机会。

其次，教师可以将简单的、自主的、浅层的任务提前给学生布置下去，利用好互联网，发挥好课前预习的作用。比如让学生课前查阅杨绛先生的背景资料并上传到学习平

台，也可以阅读杨绛先生其他作品并进行梳理概括简要内容，从而更好地学习教材文章，抓住主旨，并通过关键词语来体会作者所表达的思想感情。

最后，教师应该深度开发利用多媒体资源，提高学生跨媒介阅读的能力。初中生接受和运用新生事物的能力很强，教师提供由小说改编成电视剧的视频，学生们有可能会对视频的内容产生浓厚的兴趣，然后就可以找到并将与视频有关的视频、音频、图片等进行整合，再结合自己的理解，将视频剪辑成一个新的视频，可以给视频写脚本，或是创作一个短剧剧本，这也是一种表达自己的思考和理解的方法。剧本、剧本的创作是读者在对作品进行阅读后的一种自然的文字表现，运用多媒体手段实现了"读"和"写"的深层联系。

第七章　基于核心素养的初中语文学习方式的变革

第一节　基于核心素养的初中语文情境教学

一、初中语文课堂情境教学的特征

(一) 真切直观性

初中语文课堂语文情境教学具有真切直观性，是指所创设的情境必须是鲜明的、形象直观的，给学生一种真切感，让学生仿佛身临其境。也就是说教师为课堂教学所创设的情境、所选择的构成情境的内容，无论是真实存在的，还是人为创造的，都应该是可以让学生感知的，是学生的眼睛可以看到的，是学生的耳朵可以听到的，是学生的双手可以触摸到的，亦或是学生的多种感官作用在一起感受到的种种情境的创设，都应该是形象的、直观的，给学生以真切的感觉，这是情境教学的首要特征。没有了真切直观形象性，也就没有了情境。

用心理学的观点来说，越是鲜明、直观、新颖的形象，就越能缩短人们感知的时间，引起兴趣，让人们迅速产生感受，激发想象与联想，从而提高认识事物的效率。生活中的事物都有一定的表现形式，也许是色彩、也许是声音、也许是外形、也许是气味……无论哪种形式，都是可以直接作用于人的感官的。初中语文课堂教学在很大程度上是对一篇篇课文的学习，而这些课文都是由一个个的字、一组组的词、一段段的句子组成的。正是由这些字、词、句、段组成了这样或那样的情境，而很多时候这些字词句段篇所蕴含的情感与道理都是抽象的，只有教师把这些抽象的、晦涩的语言文字变成一个个具体可感、真切直观并且形象的情境，学生才能真正地学明白。例如在讲授《天净沙·秋思》的时候，这首元曲看似简单，其实最难理解的就是作者马致远的感受，所以在课堂教学过程中教师就可以通过情境的创设来帮助学生理解这首元曲。教师可以用多媒体播放基调合适的音乐，再通过投影再现"枯藤、老树、昏鸦、古道、夕阳、瘦马"等真切直观的画面，随即教师就可以让学生想象自己是马致远，身临其境地去体会作者想要表达的感情。在这样的情境中，学生听着悲凉的音乐，感受着形象直观、意境深远的画面，一定会触发他们内心深处的情感。学生们走入情境，情境也因为有了学生的加入而变得鲜活。正是这种真切直观的情境创设，使同学们能够准确地把握作者借景抒发的悲伤、凄凉之感，从而体会所表达的思乡之情。如果只是单纯地从字里行间去分析，可能会浪费很多的时间才能让学生真正体会那种凄凉的悲秋之感以及深切的思乡之情。

传统的课堂教学中，眼睛和耳朵是学生听讲的主要器官；在情境教学中，依然要把眼、耳作为学生获取信息的重要器官。所以在情境教学中尤其强调以教师的教学语言为基础，让学生发生最直接的感知，让学生在教师绘声绘色、抑扬顿挫的语言中紧密结合情境，学生在真切直观的情境中边听边看边分析，眼、耳、脑协同合作，互相沟通，才能取得最佳的效果。很多时候课文都是抽象的，在教师通过创设情境把原本抽象的内容变得可视可感可听可触摸的东西展现给学生的时候，往往比传统的课堂教学更有魅力。

(二)情知互促性

初中语文课堂语文情境教学具有情知互促性，"情"是指情感，"知"是指认知，情知互促性就是指情感和认知过程互相促进，共同发展。情感是情境教学的关键，而认知活动又是教学必不可少的步骤，这就决定了情境教学是学生认知活动发展与情感内化的结合。在语文学习中，语言是情感的物质载体，学习语文必须从语言入手；可以说语言是认知活动和情感活动的中介，对语言的学习过程其实也是一种认知过程；而有了情境教学，有了情感的寄托，那些字词句等语言就不再是冰冷的符号，而充满了深刻的意义。语文教学从语言的学习出发，语文课堂情境教学从学生的需要出发，使学生的认知过程和情感活动相互促进，从而推动教学的顺利进行。

初中生的认知不是从零开始的，这个时期他们已经具有了一定的认知水平，这些已有的认知经验会以各种各样的方式储存在大脑中，甚至是隐藏起来；而情感又是语文情境教学的关键之所在，没有无感情的语文教学，也没有无感情的情境。因此在教学过程之中，教师富有感情的创设饱含感情的、与文本相似的情境，当这种富有感情的情境出现的时候，学生头脑中隐藏的原有的认知经验就一下子被联通了，随之苏醒，随着感情的不断升华，原有的认知经验越来越明晰，最后会在感情的带动下创造更为惊人的认知；而在新的认知产生并发展的时候，原有的感情也会被赋予更加深刻、贴切的色彩，因此情境教学需要情感与认知的联通和相互促进。

情知互促也可以理解为，以认知活动为学生学习的途径，而情感活动则是学生学习的纽带，两者互相促进来达到教师的教学要求和学生的发展要求，这尤其体现了情境教学以学生为本、尊重学生的主体地位的特征。初中生正处于身心迅速发展的时期，更多的时候都是通过自己本身的认知活动去认识世界、理解世界。例如在七年级的时候，可能语文老师在课堂教学的过程中会讲授一些基础的、理论性的知识点，让学生去接触、去领会。但是在八年级的时候，语文老师在课堂教学的过程中会大量为学生渗透一些知识面比较宽、与课文相关的知识点。因为这个时候的学生正在大量接受信息，在他们的认知世界里渴望得到更加丰富的知识，再加上教师自身富有情感的语言和学生们细腻多彩的感情，在教学情境中进行学习就会缩短学生与文本之间的距离，加深自己的体验，从而更加激发学生们探索新知识的主动性。在课堂情境教学中，让情感进入学生的认知活动，让教师和学生之间有情，让学生与文本之间共鸣，这不仅是对学生的要求，更对语文教师提出了更高的要求。如果教师在授课过程中创设了一个情境，但自己的感情不到位，无法引起学生的兴趣，学生仿佛在观看教师的表演，被动的发生认知活动，这样的情境教学就是失败的。只有教师饱含深情，才能激起学生的情。

(三) 意境深远性

初中语文课堂语文情境教学具有意境深远性，是指创设情境的意象、意境深刻广远，能够激发学生想象的思维。现实世界是一个巨大的素材库，语文书中的文章都来自自然或生活，每一篇课文的内容都有生活中典型的形象，都有大自然事物的影子。在某种程度上，课文内容的来源与呈现就决定了其意境的深刻与广远，而且作者在写作的时候也是把自己置身在深远的情境之中的。在现实的语文课堂教学中，很多时候，学生甚至是老师都摸不透文章到底要讲什么？到底为什么这么写？这种现象的出现就是因为学生和老师都没有站在作者的角度去思考问题。只有把自己想象成作者，置身于特定的情境中，才能去看清课文的本质。

情境教学讲究的情境是一个整体，当它呈现给学生的时候，必须为学生提供一个深远的想象空间。当意境深远的情境出现的时候迅速激起了学生的情绪，为学生丰富的想象助了力，这时教师抓住机会，借助学生的想象，把课文比较深奥的一面与学生的想象结合起来，通过深远的意境把学生带入其中，让学生想象的思维与情境发生触碰、产生交流，这样就能最大限度地激发学生的潜能，甚至可以达到顿悟的效果。就拿议论文来说，议论文对初中生来讲可以说是个难点，议论文会告诉大家很多道理，但在学习的时候很多学生会觉得很绕，摸不着头脑。可以从以下几个方面入手：

首先，要明确议论文的主题和中心思想。议论文的主题是写作的出发点和归宿，它决定了文章的方向和范围。议论文的中心思想是文章的核心，它是作者要表达的观点和态度。在确定主题和中心思想之前，要做好充分的思考和准备，避免模糊或偏离。

其次，要合理地安排议论文的结构和内容。议论文的结构一般分为三部分：引言、正文和结尾。引言要引出主题，吸引读者的注意力，点明中心思想。正文要按照一定的顺序，分段论述自己的观点，同时要用事实、数据、例证等来支持和论证。结尾要总结全文，重申中心思想，给读者留下深刻的印象。在安排结构和内容时，要注意逻辑的连贯和内在的一致，避免跳跃或矛盾。

后，要注意议论文的语言和风格。议论文的语言要清晰、准确、简洁，避免使用模糊、错误或冗长的词语。议论文的风格要客观、理性、有力，避免使用感情色彩过重或偏激的语气。在使用修辞手法时，要适度、恰当，增加文章的说服力和感染力，但不要过分夸张或夸大。

二、初中语文课堂情境教学的作用

情境能够起到吸引注意、换起兴趣、提供例证、引发思考、强化体验等多重作用。课堂教学是语文学习的重要途径，学生通过老师的课堂教学、自身的课堂学习来丰富知识、发展能力，甚至是培养正确的价值观、形成完善的人格。正是由于语文课堂教学的重要，所以语文教师都在不断地学习，不断地探寻优秀的教学方法，以此来提高课堂效率。但在素质教育的大背景下，更大的发挥学生的主动性，尊重学生的主体地位，真正地关心学生的内在发展需要，才是更加重要的。不断地探索和实践证明，情境教学法在今天对学生来说尤其重要，在学生的学习生活中发挥着巨大的作用。

(一) 激发学生学习的兴趣

兴趣和激情是创造力最重要的催化剂。兴趣对初中的学生来说尤为重要。初一是学生从六年级过渡到初中生活的重要阶段，是整个三年初中生活的奠基期。初一的学生是懵懂的、充满憧憬与期待的，初一的语文课上得好，初二初三的语文课才能更加努力，所以在这一环一环紧密相连的阶段，调动起学生的兴趣非常关键；初二是大量接触信息、大量丰富知识面的阶段，没有兴趣就会直接导致学生不去听课、不去学习；初三面对升学的压力，学生的负担很重，语文课虽然不用算算算，但也不是背背背或是单纯地听。一直以来大家对语文都抱着无所谓、学不学都没关系的态度，说到底还是学生对语文的兴趣不高。教师在语文课上的教学方法与学生对语文的态度有着极大的关系。很多老师在上课时毫无新意，每节课都是固定的模式，干巴巴地说，学生目光呆滞地听，不走心。语文课应该是五彩斑斓的，语文课的每一个知识点，都不是一种线性的概念，语文课文是情境化的。在这种情境化的知识上，要采用情境化的方法来让学生们对语文课堂、对学语文产生欲望，让他们从欲望升华为兴趣，只有这样才能让学生爱上学语文。学生的学是主动的，无论是学语文还是学其他学科，兴趣都是最重要的；有了兴趣，才会想去接触、想去探寻、想去解决。兴趣是打开学生自主学习的钥匙，而情境教学就能带给学生这种兴趣。要改变原来那种教师为主的讲授模式，把更大的主动权交给学生，让学生在语文课上放开思维地去想象，放开束缚地去表演，放开压力地去吟唱，只有语文可以做到，情境教学法给了学生对语文的兴趣。

语文课本身就应该是充满趣味的，一篇篇的课文对学生来说可以是一首首歌、一幅幅画，亦或是一段段的人生，但很多语文老师注入式、填鸭式的教学方式让语文课失去了原本的趣味性。学生的学习过程应该是自我发展的过程，在这个过程中只有学生主动地、积极地参与，把学到的内化为自己的知识，吸收运用才算是真正的学到了。语文课堂教学的属性也证明了学生的主体作用，学生能否对所学知识产生兴趣，主动地去学习是教学成功与否的重要一环。所以说情境教学对学生兴趣的激发是非常重要的，在教师创设情境的条件下，语文课堂才能变得开放有活力，学生在这种愉悦放松的气氛中学习，才能收获得更多。有了情境教学的语文课堂，学生对语文产生了兴趣，学生才能成为真正的思维敏捷、主动探究的学生。

初中阶段的孩子，理智感是比较强的，只有对这个东西有兴趣了，才能真正地接受。情境教学在某种程度上可以使教学过程变成一种能引起学生兴趣，从而去主动探寻知识的活动。在初中语文课堂上，情境使文章中的每个字、每个词不再冰冷，让每个字词都有了生命，而且当学生置身于语文老师创设的情境中时，最先用自己的眼睛去看、用耳朵去听、用心灵去感受，仿佛教师把课文教活了，而学生也可以用自己在生活中已经掌握的知识，去表达去交流自己的所见所闻、所思所感，既能促进新知与旧知的融合，又能获得能力的发展。在这样欢快和谐的课堂上，哪个同学能没有兴致呢？哪个同学能对语文没兴趣呢？而语文学科是工具性和人文性统一的学科，是其他学科学习的基础，语文学好了，其他学科的学习自然也不会费力，可谓是一举多得。情境教学的第一步是引起学生的学习欲望，激发学生对语文的学习兴趣，最终目的也可以说是培养学生的兴趣，兴趣是最好的老师，教是为了不教，学生有了兴趣，谁也无法阻止他们学习的脚步。

(二)丰富学生的真实体验

传统的语文课堂教学，学生被动地接受，一节课下来记住的知识点有限，过几天甚至连自己学了什么都忘记了，每一节语文课上得和复制似的，枯燥无味。但在语文课堂教学中采用情境教学法，却能让学生身临其境，让学生在自己的感知与经历中体验语文课，而不是肤浅地走程序化的模式。情境教学追求的不单单是激发学生的兴趣，更重要的是让学生在此过程中注重感觉的训练、自觉的培养、创造才能的发展。在特定的教学情境中，教师让学生身临其境，真正体验到"现场的震撼"。教师会根据每一节课的内容、体裁与题材等创设相关的情境，启发学生的思维，让学生能自己根据情境去发现问题，从而自己去解决问题。但凡亲身经历的都是第一手资料，都会印象深刻，都会触发学生的内心，让他们记很久。情境教学就可以让学生真正地去思考、去学习，在一节语文课上，教师让学生走入情境，体会作品中的意蕴，体会课文中人物的所思所感，设身处地地去了解课文的内涵，缩短了学生与文本的距离，拉近了文本与学生心灵的距离，而且还能迅速提升学生解决问题的效率。在有情境的语文课堂上，气氛会变得很和谐愉快，学生会很享受自己体验的这个过程。真正走进学习语文的情境，学生会发现原来自己可以凭借自己的感知、思维，去自己解决问题，仿佛自己就是老师，又仿佛自己是侦探，一步步地解开语文课文神秘的面纱。这个自己去探求的过程对学生来说尤其珍贵。

当学生进入教师为教学而创设的情境中时，会逐渐的自己去体验，自己会有一些主观的感受；而就在这个时候，教师会抓住时机对学生进行引导，引导学生在这一情境中理性思考。可能开始的时候学生的想法是感性的、主观的，但在自己体验学习的过程中，加之教师的引导，学生会把这种感性的体验转化为抽象的理性的知识，渐渐地获得自己的解决问题的思路，从而达到对课文有自己的独特理解，甚至是评价。可能传统的教学方式会让学生产生一种思维定式，被动地认为这种问题就应该这么答，用心理学的观点说就是学生会被事物的产生一种功能固着的思维定式。但是在情境课堂上，鼓励个性的观点与想法，这样学生才能去打破常规思维，视野变得开阔，看问题的角度变得多样，从而培养一种创造性思维和创造性解决问题的能力。

学习本应该是一个快乐的过程，是应该让学生快乐地去体验与享受的。在初中语文课堂上引入情境教学法，学生在这个过程中体验与感悟，脑子是越用越灵活的，在以后的课堂上他们会享受这种自己为自己的经历做主的学习过程，他们会喜欢上对语文的学习。而且一节好的语文课，下课的铃声并不代表着这节课的结束，而是一个新的开始，是课堂上学到知识的一个延续。在生活中学生会借鉴语文课上的学习经历去对待生活，也会把生活中的经验带到之后的语文学习中，使语文成为生活的语文，使自己成为一个真正的乐学者。对于初中生来说，身教要重于言传，而且在这个过程中让他们自己去亲身体验，效果会非常不一样。例如有些小说故事情节性比较强，人物性格鲜明，就适合学生去表演。语文课堂是学生绽放的舞台，是学生张扬个性的平台，更是他们亲力亲为获得成长的站台。有了情境的加入，相信学生们不仅仅经历的是语文课，更是在走自己的人生。

(三) 促进情感与态度的发展

情境教学特别注重感情，也注重对学生情感态度与价值观的关心，情感与态度是情境教学的关键。情境教学通过创设与文本相似的情境，让学生在特定的情境与氛围中感悟课文中真挚的感情，从而领悟到在现实生活中自己应该怎么做，做一个怎样的人，要怀着怎样的情感去成长。情境教学的作用之一是运用特定的情境去熏陶与感染学生，让学生在语文学习中发现语文之美，发现人生之美，从而去做一个完整的人，提升精神境界。

初中阶段的孩子正处于人生中的关键转折期，具有很强的可塑性，语文又是人文性较强的学科，承担着教学生做人的职责。初中生处于青春期，耳提面命地教他们做人难免会厌烦，因此在语文课堂教学中教会他们做人是个绝好的时机。创设情境让学生去感受课文中美的情感、人性的光辉、高尚的思想，从而将自己塑造成一个美好的始终向上向善的人。

在语文课堂教学中，通过创设情境潜移默化地对学生在三观上进行引导，学生这种情感与态度的发展是深远持久的。有一天当他们离开学校，步入社会感悟人世间的人情冷暖时还可以保持一颗初心，保持积极的态度去追求生活，这个时候他所有散发的向上向善的魅力，一定有当年在他的语文课上，有在他上学的时候学到的。总之，通过情境教学的方法来完善语文课堂教学，对学生来说是非常重要的，不仅可以提高学习的兴趣，真正参与这个过程，积极主动的发现问题，解决问题，还能在情感态度与价值观上获得发展，为其终身发展奠定基础。

第二节　基于核心素养的初中语文探究性学习

一、探究学习的内涵

探究学习应是从问题或任务出发，在教师指导下，学生通过自主探究活动，从而获得知识技能、发展能力、培养情感体验为目的的学习方式。这个概念表述说明：

第一，探究学习以问题为导向，主要围绕着问题（或专题、主题）的提出和解决来组织学习活动，因此，"问题"是学生学习的载体。在探究学习中，学校首先要组织学生从学习生活和社会生活中选择和确定专题。这些问题可以是教师提供的，也可以是学生自己选择的；可以是教材内容的拓展和延伸，也可以是对自然界和社会现象的探索；可以是纯思辨性的，也可以是实践操作类的；可以是已经证明的结论，也可以是未知的知识领域。如果说在学科教学中，教材是课程实施的基本依据和载体，那么在探究学习中，问题便是学生学习的重要载体。以问题为导向，意味着探究学习应首先关注"学生的问题"。也就是说，一方面，通过了解学生真正关注和感兴趣的问题是什么，允许学生对这些问题先自主进行一些非指导性探究；另一方面，以问题为导向说明探究学生追求的根本目标不是确定不移的知识结论，而是以一定知识为基础的对世界的开放的"问题意识"，是敞开的问题视野。从这个意义上来说，探究学习就是把个体带入他对世界、对社会、对生活的问题（好奇、疑问与探究之心）之中，让学生经由有限但有效的学习活动培育起对世界的问题空间，获得创造性地运用知识、加工知识的能力智慧。

第二，探究学习过程中的师生关系体现着"教师主导、学生主体"这一基本精神。一方面，探究学习向学生赋权增能，使学生真正成为学习的主体。探究学习改变了传统课堂教学中教师讲、学生听的固有模式，让学生积极主动地去探索、去尝试，去谋求学生个体创造潜能的充分挖掘和个性的张扬，让学生接近生活、关注周边的现实世界。学生在实际生活中根据自己的兴趣、爱好特长自主地选择研究课题，从选题、收集资料、提出方案到最后的成果展示，都是由学生"自作主张"。教师在这个过程中的作用是对学生进行积极有效的引导，发挥协助者的作用，而不是取代学生来进行这些活动。这种自主的学习过程与传统学习中学生被动地接受、隔离现实生活世界的学习过程形成鲜明的对比。另一方面，探究学习仍然强调教师的指导作用。只有这样，它才能有别于学生在好奇心驱使下所从事的那种自发、盲目、低效或无效的探究活动。事实上，学生探究活动过程中所涉及的观察、思考、推理、猜想、实验等活动都是他们不能独自完成的，需要教师在关键时候给予必要的提示。

第三，从学习目的来看，经过探究过程以获得理智情感体验、建构知识、掌握解决问题的方法，是探究学习要达到的三个目标。以往的学习，其根本目的在于增加个体的知识储备。在过去的基础教育中，尤其强调对系统学科知识的掌握，学生在现实生活中的解决实际问题的能力并不高，学生的实际能力与知识量不成正比。这种学习显然难以适应当前素质教育的要求和培养学生创新精神的时代主题。探究学习力图从根本上超越学科的界限，成为一种综合性的、以问题为核心的、不断迈向未知领域的学习活动。它的目的不仅仅是使学生掌握系统的学科知识，还要使学生在真实的或者特定设置的情境之下能够综合地应用知识、能力去界定、发现问题，解释、分析问题，并最终解决问题。此外，探究学习的另一目标就是让学生获得亲身参与探索的积极体验。通过让学生主动参与整个探究学习过程，激发探索欲望，使学生获得积极的情感体验。因此，探究学习过程同时也是一个情感活动的过程。

二、探究学习的特征

（一）问题性

现代教学论研究指出，产生学习的根本原因是问题而不是感知。问题是思想方法、知识积累和发展的逻辑力量，是萌发新思想、新方法、新知识的种子。没有问题，感觉不到问题的存在，学生就不会去深入思考，那么学习也就只能是表层和形式的。为此探究学习强调通过问题来进行学习，要求学生以问题作为学习的载体，自觉以问题为中心，围绕问题的发现、提出、分析和解决来组织自己的学习活动，从而形成一种强烈又稳定的问题意识，始终保持一种怀疑、困惑、焦虑、探究的心理状态，从而催生出更多的问题。这样学习才有强大的动力，才能真正开启心智的大门，才能真正激发学习的热情，才能真正领略到学习的乐趣和魅力。在这种学习过程中，一方面强调通过问题来进行学习，把问题看作学习的动力、起点和贯穿学习过程的主线；另一方面通过学习来生成问题，把学习过程看成是发现问题、提出问题、分析问题和解决问题的过程。总之，问题意识是学生进行探究学习的重要心理因素。当然，由于探究学习主要是围绕着问题的提出和解决来展开，问题的品质就成为直接决定探究成效的重要因素之一。问题有真的，也有假的。真问题是反映学生现实生活、发生在学生身边的自然和社会现象中的问题。学生只有在解决真问题的过程中才能养成不迷信权威、敢于批判和质疑的探究精神。否则，其探究学习无疑只是一种枯燥无味的"智力游戏"，令学生望而生畏，丧失探究的兴趣和热情，根本谈不上探究精神的培养。因此，探究学习需要师生根据日常经验观察、发现并提出真问题。

（二）生成性

作为一种以"问题"为导向的学习方式，探究学习具有明显的生成性。探究学习的过程并不是教师把预先设计的属于教师知识范围之中的知识图景，如何有效地、按部就班地传输给学生的过程，而是在师生既有知识、经验的相互沟通的基础上寻找、发现问题，借助于一定的新知识传授，师生共同去谋求解决问题的办法。因此，探究学习内容并不限于教学计划中的固定安排，而应根据当时当地的教学情境需要做出必要的调整。这种学习方式充满弹性、富于张力。在探究学习过程中，教师不是作为传声筒，而是作为一个带着理智、情感、智慧的、与学生平等的个体，参与到超越简单知识授受的、深层次的、充满问题的教学情境的创造性建构之中。生成性的特点使探究学习对于师生而言永远充满着超乎预设之外的诱惑力（而不是一开始就知道结果如何），一种源自师生思想的诱惑力，它永远对教师和学生的知识和智慧构成挑战，使师生潜能在富于挑战与激励的教学情境中不断释放、展现出来。缺乏生成性的学习，不可能是探究性的学习。

（三）开放性

开放性是探究学习最显著的特性。在探究学习中由于要研究的问题（或专题、课题）多来自学生生活着的现实世界，课程的实施大量地依赖于教材、教师和校园以外的资源，学生学习的途径方法不一，最后探究结果的内容和形式也会各不相同。因此，它必然会突破原有学科教学的封闭状态，把学生置于一种动态、开放、生动、多元的学习环境中。这种开放性的学习，改变的不仅是学生学习的地点和内容，更重要的是它提供给学生更多的获取知识的方式和渠道，推动他们去关心现实、了解社会和体验人生。

第一，内容的开放性。探究学习是一种超越了传统的课堂、传统的学科、传统的评价制度，牵涉自然、社会、文化及人类自身的全新的学习方式，它要求消除以往教师分科教学、学生分科学习的弊端，反对把学习内容限制在某些方面的做法，提倡为学生提供综合学习的机会，通过围绕某个问题组织多方面或跨学科的知识内容，让学生对知识融会贯通，多层次、多角度地思考问题。因此，探究学习所涉及的面相当广泛，即使在同一主题下，研究的视角或切入口也有相当大的灵活度，因而教师和学生需要更多地创造性发挥。

第二，学习资源的开放性。探究学习可以为学生开拓丰富的资源，既包括人、财、物，还包括环境、信息、关系、组织、机构等。如图书馆、网络信息、信息媒体、专家咨询、研究机构、大学、研究所、企业、科技馆、电影院、少年宫等探究所需和可利用的所有人员、事物、信息都可以成为探究学习资源。在这种开放性的学习环境下，探究学习的形式就不再只局限于课堂、教材，而是向课外，向更广阔的世界开放、延伸。这不只是简单的学习与社会生活实际相结合，它意指学习活动乃是一种灵活的而非机械呆板的、意义丰富而非枯燥单调的活动，学习活动时刻与外在世界保持生动的联系。

第三，思维的开放性。探究学习从实质上讲就是培养学生发现问题、解决问题的能力，这就和传统的以传授结论为主的教学有着本质的不同。它要求教师不能设计过多的教学事件来干预学生探究的过程，要充分发挥学生的主体性，鼓励学生在探究活动中任意想象、自由思索，不受既定思路、现成答案和各种权威的束缚，在重证据、重逻辑的基础上充分发挥自己的创造精神和才能。因此，整个探究活动处于一种开放状态，学生自主安排活动方式和活动内容，有自由创造的空间。

第四，方式的开放性。探究学习应是一个开放的活动系统，需在与其他学习方式的相互作用中得到不断改进。探究学习的这种要求源于探究的本质即反省思维，它要求教师对探究学习本身不断反省，以使更加符合目的性和规律性。如此才会建立与学生不同能力水平、不同学习内容等相适应的探究学习变式，而不至于把探究学习或某一模式教条化、理想化。同时，探究学习的开放性要求正确看待探究学习与其他学习方式的关系，诸如自主学习、合作学习等。这些先进的学习方式都有其独特之处，不仅不应当加以排斥，反而要善于从中汲取长处，以促进探究学习自身的完善与发展。那种认为探究学习高于一切，是一种完备或完美的学习方式，从而将其与其他学习方式对立起来的做法，是片面的、极端的、有害的，也有悖于探究学习的精神实质。

（四）自主性

探究学习的典型特征是，教师不直接告诉学生与教学目标有关的知识与认知策略，而是创造一个特定的学习环境，让学生经过探索后去亲自发现和领悟它们。因此，在探究学习过程中，教师要善于激发学生学习的主观能动性，引导学生积极分析和思考，以便他们能够积极主动地从探究的一个阶段过渡到另一个阶段。它要求教师改变传统的作用方式，把重点放在创造条件、引起和激励学生的探究和发现上。但这绝不意味着教师的作用因此而有所降低，甚至无足轻重，而完全任由学生去独自探究。事实也正是如此，任何教育教学活动都离不开学生个体的积极参与和自主活动，同时也离不开教育者的引导。因此，在教育教学过程中，教育者应处理好"放"和"扶"的关系，充分激发和调动学生的能动性、自主性和创造性，培养学生的探究态度和发展学生的探究能力。

三、探究性学习的教学管理原则

（一）主体性原则

主体性教育理论主张教育要以培养、发展和弘扬学生的主体性为根本目的，教育过程实质就是教育者借助于一定的教育手段和方法，将人类的优秀科学文化知识和经验转化为受教育者的品德、才能和智慧，从而将社会的精神财富内化为学生主体性素质的过程。由此可见，主体性教育理论无论在教育的目的上，还是在教育的过程中，都把发挥人的主体性摆在了十分突出的位置。事实也正是如此，任何教育教学活动都离不开学生个体的积极参与和自主活动。教育者的任务不仅在于传授知识，更为重要的是要在教育教学过程中充分激发和调动学生的能动性、自主性和创造性，培养学生的探究态度和发展学生的探究能力。

探究活动是一个多侧面、多途径、多方法的活动，需要观察思考，需要提出问题，需要设计探究方案，需要根据证据来检验假设，需要提出答案、解释和预测，需要将探究结果与同学交流和讨论……上述活动没有学生的主动参与是不可能完成的。同时，探究也是一个解决认识冲突的学习过程，需要学生坚持不懈地观察、思考、实验探究等。如果学生没有探究的积极性，探究活动就无法进行下去。探究学习让学生变成了教学的真正主体，在传统的接受学习中学生被认为是很不成熟的个体，他们不足以承担起发现知识和创新知识的重任，而探究学习则充分相信学生，相信学生在一定程度上有能力去主动地探索世界、揭示世界的奥秘，发现并创造出知识。因此，探究学习主张学生可以选择学习内容、确定学习方法、安排并实施学习计划、评价学习结果，对学生能力的信任毫无疑问能够鼓励学生在探究的道路上阔步前进。

在探究学习的课堂管理过程中，教师要注意激发学生对问题情境或探究内容的兴趣和动机，给学生提供自主探索、自主创造的机会，充分发挥学生的主体性。

（二）情境性原则

建构主义理论认为，知识不是通过教师传授而得到的，而是学习者在与周围环境相互作用的过程中，通过同化、顺应和平衡，逐步建构起自己的认知结构的过程。传统的课堂教学，受到行为主义学习理论和以学科为中心的课程观的影响，把知识看成是脱离情境的纯文本，可以通过直接传授的方式教给学生，因而不注重学习情境的创设。所以，学生在传统的教学环境下，学到的是"死知识"，不利于知识的迁移和运用，不利于学生解决现实问题能力的发展和提高。

探究学习的一个重要目的在于培养学生敢于批判和质疑的探究精神，然而敢于质疑不等于盲目怀疑一切，必须以事实为根据，学生只有在解决真实问题的过程中才能养成这种精神，那种脱离学生实际进行抽象技能训练的做法只会压抑学生的探索兴趣，根本谈不上探究精神的培养。为激发学生的探究兴趣，教师应注意了解学生关注和感兴趣的问题是什么，然后将那些真正来自学生和属于学生、联系学生生活和社会实际的问题纳入课堂。第一，对学生感兴趣的问题进行调查统计和分析，以此作为设计课堂教学时选择探究主题和安排主题顺序的基础；第二，每堂课都应尽量留出一些"自由探究时间"，供学生探究他们自主提出的问题；第三，教学内容有时可根据学生的即时兴趣做出适当的及时的调整。

在课堂管理过程中，教师应通过创设问题情境、真实的生活情境、实验探究情境等多种情境，激起学生思考的冲动，加强学生对知识的重组和改造，保证学生对知识的意义建构，提高学生发现和解决问题的能力。这样就将学生带入了一个问题情境，激起了学生的探究热情。

(三) 开放性原则

开放性是探究学习最显著的特点。探究学习从实质上讲就是培养学生发现问题、解决问题的能力，这就和传统的以接受纯文本知识为主的学习方式有着本质的不同。它需要把学生置于一种相对动态的、开放的、多元的环境中。教育心理学研究表明，思维定式、功能固着等是影响问题解决的重要因素，封闭的课堂、僵化的教学内容、刻板的教学方式、固定的标准答案等都容易使学生产生思维定式，从而减弱思维的灵活性和流畅性，进而影响创造性。研究也同样表明，思维必须以大量的信息为基础，产生观念的流畅性、灵活性、独创性都与信息量有关。也只有开放式的课堂才能容纳大量的信息，并促进信息在教师、学生、教材及媒体等之间合理地、高效地流动，为创造性思维的发展创设必要的空间。另外，在当今日新月异的社会，学生不仅要学会占有作为社会首要资源的信息，更要学会选择和甄别有用信息。也只有开放式的课堂才能为学生提供充分的机会加以交流、讨论和争辩，培养他们不唯书、不唯师、不唯上、大胆质疑的品性和批判性思维能力。

因此，探究学习要求语文教师在课堂管理过程中不要过于干预学生探究的过程，而是要充分发挥学生的主体性，给学生以自由创造的空间，鼓励学生走出课堂广泛地获取信息和收集资料，充分利用图书馆、实验室、科研机构、厂矿企业技术部门及家庭、社会的资源，多渠道、多方位地进行开放性探究，让学习过程成为学生发现、发明的过程。当然，开放性决不意味着放任自流，这就要求教师更充分地估计学生学习现状、教学内容的难度，同时更恰当地进行教学设计。

(四) 合作性原则

社会建构主义理论家维果茨基（Lev Vygotsky）认为，建构主义的学习应该是一种社会性、交互性的协作学习，知识不仅是个体在与物理环境的相互作用中建构起来的，而且社会性的相互作用更加重要，人的高级心理机能的发展是社会性相互作用内化的结果。因为每个人都以自己的经验为背景来建构对事物的理解，由于每个人生活世界的复杂性，以及作为认知者的每个人的认知建构方式的独特性，所以不同个体只能体验和理解到事物的不同方面。在语文教学中要使学生超越自己的体验和认识，看到那些与自己不同的观点，看到事物的另外的方面。特别是科学探究活动中，学生的基本假设、收集的信息、设计的方案、在探究过程中收集的数据、探究过程中的体会以及探究结论等方面，都可能存在着相当程度的片面性。因此，在课堂管理过程中，要重视学生探究过程中的合作和讨论，使学生在发表自己的探究方法和成果、交流探究体验和感想、倾听他人探究经验的过程中，进行客观的比较和鉴别，从不同的角度改进自己的经验和认识，取长补短，丰富自己的探究成果和收获，形成对问题的全面理解，从不同角度建构事物的意义，以利于知识的广泛迁移，同时有利于学生良好的合作精神的培养，也有利于发展学生的评价能力，为将来步入社会与人交往和合作打下良好的基础。

探究学习是围绕问题解决活动开展的，这些问题往往是综合性的复杂问题，学生需要依靠集体的力量进行分工合作。在探究过程中教师不再是知识的仲裁者、课堂的控制者，而是学生探究学习活动的支持者、引导者和合作者，是和学生平等相处的伙伴。当探究进程中出现一些问题时，教师不要急于求成，而要充分信任、肯定学生，放手让学生尽情地发挥自己的聪明才智，让学生通过探究自主发现规律，在探究过程中让学生自主寻找解决问题的方法、思路，在教师的引导下，学生逐步积累探究的经验，学会探究的方法，提高探究的能力。

在课堂管理过程中，教师要尊重学生的人格，尊重学生的选择，建立合理融洽的师生关系；要充分地走入学生的内心，了解和关注学生的思维发展，尽可能减少对学生统一约束和整齐划一的要求，鼓励每个学生亲历各种探究活动，提倡他们选择与众不同的探究路径。教师不仅要容忍学生犯错误，还要大胆地鼓励学生尝试错误。因为只有经过错误考验的学生，他们的探究能力才能得到不断的加强。教师要努力营造出"教师——学生"及"学生——学生"间自由、平等的氛围。如在学生通过讨论进行探究的过程中，教师在教室里四处走动，与各小组进行交流；倾听学生们的问题和想法，不时评价他们的探究进程并确定适合学生学习的下一步计划；必要时，教师把学生集中起来，通过演讲、示范或讨论等形式提供其他信息。

学生通过讨论解决问题，同时又在讨论中发现问题。以往问题的解答全由教师包办代替，得出的结论学生被动地接受后死记硬背，造成学生只知其然，而不知其所以然，只能继承前人积累下来的知识经验、原则和方法，复制书本上的条条框框，而无法培养学生解决实际问题的能力，特别是创造性地解决实际问题的能力。因此在探究学习的深度管理中，教师完全可以尽可能地创造机会引导学生在边学边探究中解决问题，让学生亲自动手、动脑，互相合作，利用各种方式方法合作探究。在这一环节中，语文教师可以先用几分钟把解决不了的问题进行一下综合，然后让学生进行合作探究。形式可采取：生生讨论探究，小组讨论探究，整班集体讨论探究（包括师生间互相探究）。通过对话、争论、答辩等方式，发挥学生的学探优势，利用他们集思广益、思维互补、思路开阔、分析透彻、各抒己见的特点，使问题的结论更清楚、更准确。此时教师要做到眼观六路、耳听八方，随时引导、点拨学生共同解决问题。

（五）差异性原则

差异性原则是指教师在教学过程中应尊重学生的人格，关注个体差异，满足不同学生的学习需要，创设能引导学生主动参与的教育环境，激发学生的学习积极性，培养学生掌握知识的态度和能力，使每个学生都能得到充分的发展。传统的学习方式由于受固有的班级授课、集体教学、内容一致、标准统一等特点的制约，即使教师有注重个性差异的共识，在实践中也往往很难实行。然而，探究学习从满足学生的需要和兴趣出发，充分发挥学生的自主性，尊重学生的个体差异。不要求学生以同样的探究方案进行探究，也不要求学生达到同样的水平；探究的结果也不是评价的唯一指标。主要注重使学生有机会达到各自期望以及可能达到的发展目标。

在小组合作开展探究活动时，并非只有好学生才有能力开展探究，教师要注意观察学生们的行为，防止一部分优秀的探究者控制和把持局面，注意引导同学们让每一个人都对探究活动有所贡献，让每个学生分享和承担探究的权利和义务，对那些在班级或小组中较少发言的学生给予特别的关照和积极的鼓励，使他们有机会、有信心参与到探究中来。

正是因为探究活动中，学生会有不同的感受和体验，对问题也会出现不同的理解和看法。因此，在探究学习的语文课堂管理过程中，教师要保护学生的学习兴趣，探索因人而异的教学方式，要让每个学生在不同的学习、活动中都能发挥自己的长处。从学生实际出发，承认差异，因材施教，才能真正做到面向全体学生，使每一位学生的创造性都得到自由充分的发展。如在语文学习中，由于每个人的经验阅历、知识积累不同，对一部作品的理解会有不同。"一千个读者，就有一千个哈姆雷特。"教师对作品的理解往往更深刻、具有更高的水平，因此在探讨中处于一个特殊的地位，扮演特殊的角色。但学生的认知常常更加敏锐、出于自然、更接近真实，且在不受众多背景性信息干扰的情况下往往具有独特的视角。因此，教师在探究学习的课堂管理过程中要尊重学生在学习过程中的独特体验，对学生独特的感受和体验应加以鼓励。

第三节　基于核心素养的初中语文整本书阅读

一、整本书与整本书教学

整本书，即一本完整的书。书是一种记录、分析、总结、组织、讨论及解释信息的、有插图或无插图的、硬抄或平装的、加套或不加套的，包含有前言、介绍、目录表、索引的用以增长知识、加深理解、提升并教育人类大脑的装置，该装置需要视觉、有触碰的感官形式存在并使用。书籍，是指装订成册的图书和文字，在狭义上的理解是带有文字和图像的纸张的集合。广义的书则是一切传播信息的媒体。本书所讨论的整本书是指符合出版要求，装订成册的文字图书，其内容连续完整。整本书教学的思想在我国源远流长，它与我国传统的语文教育密不可分。首先，我国古代的蒙学读物大多是整本的书，如《三字经》《百家姓》《千字文》等，教师以此为教材对学生进行初步的识字教育、思想教育与知识教育，并进行一定程度的读写训练。

二、整本书阅读的意义

(一) 获取知识能力的功能

整本书阅读教学的直接目标，在于让学生获取知识积累，开阔知识视野，提高阅读能力。学生在阅读文本的过程中，可以了解和学习更多的生活之外的知识。这些知识有的直接呈现出来，如自然哲学知识和人文社科知识；有的隐含在书的形式之中，需要加以归纳，如方法类的知识。直接呈现出来的知识不是系统的、枯燥的，而是零散的、生动的，化抽象为具体，使学生容易接受和学习。这些知识包罗万象、内容丰富，有助于学生学习过程中不断地扩大认识世界的视野，吸收优秀文化的精髓，客观看待问题的角度，汲取人类智慧的养料，由此获得关于人生、社会和自然的启发，从而指导自身发展。整本书中关于方法的知识，即语文知识，包括文字知识、语言知识、文章知识、文学知识和阅读方法策略知识等。学生获取这些知识的目的在于形成和提高语文能力。语文教师在整本书阅读教学中要有意地引导学生掌握文字知识，把握语言规律，理解文章常识，体会文学要义，学习并运用阅读方法策略，促使学生在言语实践中增强阅读效果。学生的智力发展受益于阅读能力的不断提升，而学生良好的阅读能力离不开有效的整本书阅读教学。

（二）促进思维发展的功能

学生在整本书中获取知识、发展能力的同时还能促进思维发展。语言与思维互为表里，语言能力的发展往往伴随着思维能力的发展，尤其是在基础教育阶段。语文课程提升学生思维能力的实践，主要通过以阅读教学为载体进行。一方面，阅读是语文学科教学内容的主体；另一方面，学生的认知发展与实施阅读教学的关系最为密切。积累词语、习得造句、篇章结构、锤炼语句、辨别修辞、修改文章等都与思维的发展紧密相关，如知道"浅粉""桃粉"比只知道"粉色"的思维更深刻，知道"音色""音调""音质"比只知道"声音"的思维更进一步。从直接引语到间接引语的变化，从陈述句到反问句的互换，从记叙文记叙顺序的顺叙到插叙、倒叙的运用，这些都是思维发展的结果。

（三）增加学生阅读量，开阔学生视野

语文教学中，教材所提供的阅读材料是很少的。教师在课堂上教授的阅读方式都比较基础。学生阅读量上不去，阅读能力难以提高，只能依靠做题来提升考试分数，但是这样的做法，会使学生丧失学习语文的兴趣。而以整本书作为阅读教学的对象，首先可以扩大学生的阅读量。所以，学生在教材之外，有计划、有指导地阅读一些整本的书，特别是经典的、有代表性的优秀读本，是很有必要的。这将使课外阅读不再处于无人监管的状态，也会极大地提升学生的阅读量，丰富他们的文化知识。而且，处理信息量大和结构复杂的文本，会使学生对某一知识、某一问题有相对完整的认知体验，使他们对问题的认识更加深入，也就更能使其感受其中所蕴含的文化内涵。此外，相比于单篇短章，整本书涉及的领域更为宽广，并不只局限于语文一个层面。

（四）陶冶学生情操的功能

文章往往是以书面语言为载体，表达作者的思想观念，体现作者的道德情操。学生在整本书阅读的过程中，受到作品潜移默化的影响，会产生意想不到的陶冶作用。例如，学生阅读《傅雷家书》，能够在傅雷先生的笔墨间感受深挚感人的父子之情；学生阅读《鲁滨孙漂流记》，能够在笛福的字里行间学习鲁滨孙坚韧不拔、勇于斗争的冒险精神。学生阅读这些整本书时，常常可以被主人公的优秀品质所吸引，从而树立正确的价值观、人生观和世界观。

（五）提供写作示范的功能

听说写能力的培养，不仅要靠听说写自身的训练，同时还要依靠阅读来培养。其中，

阅读和写作的关系最为密切。阅读在写作的素材选取、主题确定、行文思路的结构等方面给学生以启示，还能给学生提供一些写作的范例，供学生模仿，使学生从多方面学习其中的方法。阅读是写作的基础，为写作提供优秀的范例。阅读在语文素养发展中处于至关重要的位置，要提高学生的语文素养就必须从学生的阅读抓起。但是，仅仅依靠课堂上的阅读教学难以实现学生阅读能力的快速发展，必须借助整本书阅读教学才能实现。

(六) 促进学生养成读书的好习惯

整本书阅读正是培养阅读习惯的有效途径。整本书阅读要求学生必须自学、自读，自己去理解书中的内容，教师不仅能就他们不理解的内容进行讲解，还能对他们进行方法的指导。要使学生在读书的时候做到：需要翻查的，能够翻查；需要参考的，能够参考；应当条分缕析的，能够条分缕析；应当综观大意的，能够综观大意；意在言外的，能够辨得出它的言外之意；义有疏漏的，能够指得出它的疏漏之处。到此地步，阅读习惯也就培养得差不多了。一个人有了这样的习惯，就会一辈子读书、一辈子受用。而且，习惯的养成还需要经过反复的训练。由于整本书在内容上有连贯性，有利于吸引读者兴趣。可以从简单有趣味的读本入手，如小说、诗歌、人物传记等，然后随着学段的不同，有针对性地提升阅读难度，增加文章的长度，使学生在不断的过渡中掌握阅读方法，逐渐可以阅读一些难度较大的读本，如哲学著作、学术著作等。这样循序渐进的学习，对于良好阅读习惯的养成是很有帮助的。

三、基于"让学引思"的初中语文整本书阅读教学的指导策略

(一) 树立以生为本意识，明确教学目标

"让学引思"理念的提出，为初中语文整本书阅读教学研究的推进提供了理论支撑。在初中阶段的该阅读教学当中，作为老师，应深刻认识到整本书阅读教学的目的，并在理念的引导下，明确整本书阅读教学目标，使得教学活动的设计与安排有目标可循。

1. 更新教学理念，提升整本书阅读教学认知

"让学引思"课堂教学变革的提出基础是新课改，它既融合了新课改的教育思想，也与国内现阶段的义务教育实况更相符。但这场课堂教学改革首要做的，就是必须扭转老师们的教育理念，再由此引发其改变教学模式，另外，良好的教学理念也是改变教学模式的前提和方向。想要扭转老师的教育理念，仅由有关部门、校方安排教育专家来宣传现代教育思想是不够的。本书认为最根本的一点就是，作为教师，一定要以"让学引思"教学理

论所需为依据，认真上好教学期间的所有课程。以听课老师、同组老师相互监督、协助的方式，使所有老师尽早扭转其教育思想，尽早更新其教学方式。老师改变其教学方法后，必将导致学生改变自己的学习方法。因此，课堂教学方式也应发生变化，由学生填鸭式学习转变成学生自主探究、汲取知识，由同学们独立思索问题转变成同学们互相探讨问题、由老师全权负责对课内知识的总结转变为由同学们以小组形式来对知识脉络进行梳理，使同学们变成真正意义上的课堂学习主体，在课堂得以充分历练，进而对基本的学习技能、方法掌握得更加熟练。在学习、观摩的基础上，老师得以真正将"让学引思"思想消化，并以该思想的规范及要求为依据来对自己的课堂教学方法加以调整，继而引导学生改变他们的学习形式。想要做到这一点，则需要老师真正吃透"让学引思"这一教学思想，并全面掌控同学们的学习情况。在此前提下，设计具有前瞻性且针对性强的课堂教学内容，使课堂上的同学们能够真正提出新问题并掌握问题的解决之法。长此以往，方能使学生们的学习能力得到有效提高，方能满足时代发展所需将学生们培养成会学习之人。基于此，作为老师，改变教学方法是必须要做的事，也是一种必然，这与提升课堂教学质量、落实"让学引思"教学思想有着直接的关系。

2. 加强自我学习，提升自我认知

教师的自我学习是不断提升教学能力、提升教学质量的重要基础。无论教师的教龄多久，都需要树立"终身学习"的理念，尤其是作为一名"立德树人"的教育工作者，更需要不断学习新的教学理念，紧跟国家教育改革要求和发展需要，不断提升自我认知。"让学引思"理念是近些年我国教育工作者提出的一个教学理念，其强调和突出的是将教学的主体从教师变为学生，发挥学生的主观能动性和学习自觉性，这与当前我国素质教育的发展理念不谋而合，也是教育事业发展的必然趋势。有些教师在教学中仍无法摆脱传统应试教育带来的影响，与自身认知紧密相关。因此，教师自身需要主动地进行理念的学习与更新。

一方面，从学校的角度而言，为了贯彻教育改革的工作要求，不能一味地寻求通过教师的转变，来实现教育事业的发展，促进学生的全面发展。学校自身也要为教师的自我成长和发展提供必要的平台和资源。学校要通过讲座、培训的方式为教师提供学习机会，并制定相应的激励制度，提高教师参与学习的主动性和积极性。同时，也要考虑到不同学科教师的教学压力，合理地安排培训频率，确保培训质量。学校可以根据各个学科的实际，分批次组织培训学习，培训学习的方式包括但不限于讲座、活动等，其主要目的是帮助教师认识到"让学引思"理念的真正内涵，并在日常教学中帮助教师更好地开展"让学引思"下的学科教学。

另一方面，从教师自身发展的角度来看，教师的自我成长并不单单是为了完成学校的教育工作任务，也是为了实现自身价值而奠定的基础。教师在日常备课过程中，要积极通过各种渠道，比如观看优秀教学视频、参加教学技能比赛等方式，学习新的教学理念，并学会辨别教学理念的正确与否，进而在教学活动的设计中融入教学理念，不断地进行自我批评和修正，提升"让学引思"理念下教学活动的设计质量。教师要积极参与学校提供的各种培训机会，充分利用学校的资源和平台，不断提升自身对"让学引思"教学理念的认知和应用；也要主动地与不同学科的教师进行沟通交流，就"让学引思"理念在学科教学中的应用交流观点和看法，旨在提升自我认知和教学设计质量。

(二) 综合开发教学资源，改进教学方式

教学方法的高效应用对于教学效果的实现具备事半功倍的作用。尤其是在整本书阅读教学中，教师教学方法的选择和运用对于教学活动的开展具有十分重要的作用。

1. 设计导学案提升新旧知识链接

为了提高学生课前预习之效果，作为老师，应提前将导学案设计好，为学生了解新课程知识提供指导，同时将新旧知识串联起来。在讲解新知识之前，老师应将有关问题设定好，以便使学生在解题的同时引导其发现新问题。除此之外，还要明确学生学习本节课的目标，使同学们围绕目标去学习新知识，使他们的目的性更明确，更有学习方向。不仅如此，预习还能够使同学们更早地接触到新课堂知识，同时将其在预习中遇到的问题一一记录，带着未解问题听课能够更迅速地进入学习状态并轻松跟上老师的思路，还能够使同学们在听课的同时将其预习中遇到的问题解决掉。若学生时间充足或者获得了全面的引导，则还有可能在预习的前提下提出更具深度的问题。如此一来，学生既将其在预习中遇到的问题解决了，也学会了新知识，并且对所学知识留有更深刻的印象。因此，教师需要重视课前的自主预习，让学生带着疑问走进课堂。

2. 结合学生生活实际实现情境架设

于学生发展而言，优良的学习环境对其有制约、熏陶之效。学生处于理想的学习环境之下，耳濡目染之中必将形成正面的学习期许，积极实施学习行为。教学情境的创设对于营造良好的学习环境十分重要，但教学情境创设不是随意、无章法的，是为了服务整本书的阅读教学。从整体来看，"让学引思"理念下初中语文整本书阅读教学的情境设计需要注重以下几个方面的内容：

其一，生活化情境设计。由于教学活动的教育对象是学生，因此情境创设时应充分考

虑学生情况和教学内容，即生活化。比如，在进行整本书阅读教学时，教师可以就某阅读内容实现与生活实际的平移，利用日常生活的事件帮助学生更好地理解教学内容，提升学生的阅读理解能力。

其二，素材与教学内容的契合性。在搜集情境材料的过程中，教师应选取与学生生活关系密切的内容，适度挑选学生更易理解的一些教学材料。这既能够使学生兴趣被迅速激发出来，也易于他们迅速理解情境。基于此，在创设情境的过程中，老师应注意教学知识与所选素材的适配度。

其三，情境设立。例如在同一节课中，老师安排的小组讨论过于频繁，导致合作式学习浮于表面，这对深入学习、思考无益，而且导致学生学习、老师教学之效果受到影响。为此，在设定问题方面，老师应针对情境来设定，提问数量应适中，提问太多造成的后果是学习过于走马观花；提问过少则可能导致难以囊括所有教学内容，致使导学效果大打折扣，最终导致教学陷入教师一言堂的困境。问题的设定需老师与其选择的教学内容相结合，各个提问间必须具有逻辑连贯性，由浅入深，逐步递进。需注意的重点在于，提问后，老师应对学生的思索探究加以引导，而并非老师完成问题的巧妙设定后就结束了。老师既要与同学们一同对问题进行探讨，也要梳理并总结同学们探讨后得出的结果，并对该结果加以提炼，使之上升到核心素养层面，从而使同学们将问题吃透。

3. 利用小组合作实现高效学习

将"让学引思"理念运用于初中阶段的语文整本书阅读教学中，为的是提高学生参与教学活动的积极性，使其能够热情地参与课内沟通、探讨相关活动，使其思维变得更加活跃。基于此，可以通过小组合作的方式提高学生的学习效率，充分点燃学生的学习欲望。可以选择团队辩论赛模式，以文章内容为依据提前撰写辩题，以团队为单位安排双方进行辩论，胜出者给予奖励。可以选择排练课本剧并将其演绎出来的方式，对具有较强故事性、人物形象生动、情节较多的叙事类方案，可要求同学们以小组形式去完成课本剧的编排，并进行相应表演赛。

4. 借助工具制定阅读计划

大部分学生虽然在整本书阅读教学课堂的表现较好，但其课后的整本书阅读情况并不理想，体现为学生课后整本书阅读的主动性不强，缺乏规划和深入思考。从学生的身心发展特点来看，不管是在行为方面，还是在思想层面，初中生都还具有相当强的依赖性，大部分事情都必须在家长、老师们的监督下方能做完，其自控力、自主性并不强，欠缺对自我生活、学习应有的规划。基于此，老师应依据其特征，督促他们做好阅读整本书的计划，使他们在老师监管缺失的课后也能够依照计划将时间充分利用起来，使整本书阅读变成学习语文过程中的固定内容之一。这就需要借助工具实现整本书阅读的自主建构。

从整体上来看，初中生普遍缺乏自控力、主观能动性；从个体来看，每个学生的阅读水平是存在差异的。基于此，对于学生阅读的规划，应具有针对性，为每个学生制定专门的阅读计划，如此方能更全面地掌握其阅读整本书的情况，找出其中的问题并将其解决，使其阅读动机得以增强，阅读有效性得到提高。对于具有较高阅读水平的学生，在为其制定阅读计划时，可在同等阅读任务的基础上适度减少其阅读耗时；对于阅读水平不高的同学，在为其制定阅读计划时，可在同等阅读任务前提下，适度增加其阅读耗时。此外，老师还需制定全面的日常阅读计划。例如对于周末，因学生拥有大量的自由时间，则可为其安排较多的周末阅读任务；而在上学时，则为其安排较少的阅读任务。不仅如此，还应依据文本内容字数多寡来安排学生的阅读时长，通常每天应安排半小时至一小时为佳。

(三)强化"让学引思"理念，加强教学设计

教学内容是整本书阅读教学的载体，教师的初中语文整本书阅读教学，需要紧紧围绕教学内容进行教学活动的设计与开展。在此过程中，教师需要合理删减教学内容，构建整本书阅读共同体，以此加强教学内容设计。

1. 合理删减教学内容

整本书阅读在提升学生综合阅读水平方面也独具优势。若是阅读书籍难度偏大，则更应综合运用各种阅读技巧。比如，以通读结合精读的形式进行阅读，首先要把握并理解全书，在此前提下细致研读，而不可在刚开始阅读时就粗枝大叶。同理，若想客观点评一本书，则首要做的是理解其内容和作者，而理解其内容与作者的整个过程即对阅读、总结、分析等能力全面运用的整个过程，在此过程中，必将使学生获益匪浅。《义务教育语文课程标准》（2022 版）将 2011 版第四学段的阅读部分，将较为熟练的借助浏览、略读之法将阅读范围扩大，改成了阅读办法以渗透于课堂阅读中的办法为主，对于课本中单篇文章的阅读则是依据各种文体来推荐适合的办法。阅读名著同样如此，文体复杂多样的文章则需全面考虑各种文体类型，每种作品都有其相应的阅读方法加以引导。在教学过程中，老师可依据各类文体展开分门别类的教学。因此，整本书阅读培养的是学生的综合阅读能力，在进行阅读教学时，教师应指导同学们掌握更多的阅读方法，使之能够依据阅读文本的特征选择适合的阅读方法，并逐渐做到转换自如，花最少的时间得到最理想的阅读效果。

2. 构建整本书阅读共同体

伴随素质教育的不断开展，课堂教学方式由传统的单向传授式教学转变为多元融合式教学。在课堂上，师生互动是常用于活跃课堂气氛的方式之一，通常发起方是老师，接着由老师令同学与其配合以使某个教学目标得以实现，比如解答某个问题、帮助老师将某事完成。借助师生双方的高效互动，实现高效的课堂教学，这样可以扩大课堂学习的深度与广度，活跃课堂气氛。师生互动的目的在于让同学与教师合作完成某个事情，从而调动学生思维。这恰恰是让学引思的重点。从整体来看，初中语文整本书阅读教学并非老师教导同学、同学跟着老师学的一个过程，而是师生一同参与所构成的教与学的共同体。在进行教学时，分析"互动"的基本单位并非"教"，也并非"学"，而是要怎样实现"互动"的"教学"。作为组织、实施教学及指导学生学习之人，教师必须增强自我素养，基于学生视角去展开对教学方法的研究，如此方能使师生配合度得到提高，使教学互动更有效。比如，在进行语文整本书阅读过程中，教师通过解决阅读过程中的难点和困惑，与学生交流阅读收获，形成思想碰撞，以此构建阅读共同体。

第四节　现代信息技术在语文教学中的应用

一、信息技术教学的概述

(一) 信息技术的含义

信息技术的定义，在不同的国家和不同的行业是有所不同的。一般国际上通用的解释为，信息技术（简称 IT）是用于管理和处理信息所采用的各种技术的总称，主要是应用计算机科学和通信技术来设计、开发、安装和实施信息系统及应用软件，也常被称为信息和通信技术（ICT），主要包括传感技术、计算机技术和通信技术。在不同的方向它还有其他的解释，如信息技术就是获取、存贮、传递、处理分析以及使信息标准化的技术；信息技术是人类在生产斗争和科学实验中认识自然和改造自然过程中所积累起来的获取信息、传递信息、存储信息、处理信息以及使信息标准化的经验、知识、技能和体现这些经验、知识、技能的劳动资料有目的的结合过程；信息技术是指能够扩展人类信息器官功能的一类技术的总称等。而这里所要研究和涉及的在中学教学中被广泛应用的信息技术，指以计算机网络技术为主的多样化工具以及相关的软件应用技术，包含信息媒体（印刷媒体、电子媒体、计算机媒体等物化形态的技术）和信息技术应用的方法（即运用信息媒体对各种信息进行采集、加工、存储、交流、应用等的智能形态的技术）。

（二）信息技术与初中语文教学的整合

整合是指一个系统内各要素的整体协调、相互渗透，使系统各要素发挥最大效益。因此，可以将教育、教学中的整合，理解为教育教学系统中的各要素的整体协调、相互渗透，以发挥教育系统的最大效益。

信息技术与课程的整合，就是通过将信息技术有效地融合于各个学科的教学过程，从而营造一种新型教学环境，实现一种既能发挥教师主导作用，又能充分体现学生主体地位的以"自主、探究、合作"为特征的教与学的方式，把学生的主动性、积极性、创造性较充分地发挥出来，使传统的以教师为中心的课堂教学结构发生根本性的变革，从而使学生的创新精神与实践能力的培养真正落实到实处。

信息技术与初中语文教学整合，包含两方面的意思，一方面要用信息技术整合初中语文学科教学，另一方面以信息技术为整合手段，整合好教学的有机要素。根据初中语文学科的特点，将信息技术应用到初中语文教学中，可以激发学生的学习兴趣、扩大信息量，实现对教学资源的有效组织和管理，有利于突破教学重点难点、优化教学效果、激发学生创造性思维、开发多元智能，让学生在学习中始终保持兴奋、愉悦、可求上进的心理状态，对学生主体性的发挥起着事半功倍的作用。

（三）信息技术在教育中的应用价值

信息技术在教育中的应用价值首先便是基于信息特点和优势而言的，信息技术在信息传播方面是其他信息传播方式无法比拟的，书籍作为信息知识的载体，一直以来都是知识传播的重要途径。然而相较于信息网络来说，无论是从传播速度还是从传播范围上，书籍都有着很大的局限性，在信息网络时代的今天，各种信息知识在网络平台上的传播速度更快、传播范围也更广，这就使得知识信息的大面积传播成为可能，并且在这种传播模式下，受众对于知识信息的获取方式也产生了本质变化。

传统的知识信息传播模式，学习者只是知识的被动接受者，对于知识信息的选择有限，只能够在一个较为有限的范围内选择和获取相关的知识，而且效率较低。而在信息网络知识传播模式中，网络知识平台所包含的信息量远远大于传统书籍，并且借助于搜索技术能够快速找到自己所需要的知识信息，从本质上改变了学习者的知识信息获取模式。

信息技术在教育中的应用，能够促进教育模式的改革，突出学习者在学习过程中的主体性，激发学习兴趣，从而提高教学质量和有效性；另一方面，信息技术在教育中的应用，也能够加大拓展教学资源，例如在一些学科的课外教学内容拓展中，利用庞大的网络信息资源，可以快速找到相关的知识信息，提高知识学习的效率。

二、信息技术在语文教学中应用的必要性与可行性

(一) 信息技术在语文教学中应用的必要性

1. 信息技术自身的特点

信息技术在教育教学中的特点大概包括五个方面。

第一，信息容量大。随着信息技术和数字压缩技术的发展，现代教学媒体的信息容量越来越大。比如，目前的 U 盘容量可以装下一个中学的学习和作业的全部用书，甚至可以是一个移动的"图书馆"。

第二，形式的多样性。信息技术参与语文教学，以先进的计算机技术和网络技术为基础，能迅速且同时呈现语言、文字、图形、音频、视频等；能综合处理声音、图像、文字等多种信息，不受时空的限制。如在授课过程中，可以同时播放音乐，给学生欣赏图片，集视听于一体，呈现出多种刺激，有利于提高学习的效率。

第三，高度的智能化。信息技术参与教学正在改变以往教师单向进行信息传递、学生被动学习的局面，具有智能化程度高的特点。比如通过程序管理教学，监督评价学生的教学效果。

第四，虚拟仿真化，创设虚拟的环境。通过人机交互，可以让学生获得三维甚至四维的感受，通过模拟让学生获得在现实情况下无法获得的感性经验和真实体验。例如科技类内容的理解，可以让学生模拟进入太空，得到真实的体验，加深理解和认识。

第五，信息的网络化。校园网的建设，把学校的全部课程与教学信息完全数字化，让全校师生在校园网中自由共享；甚至可以全球资源共享，坐在家里就可以听外国老师授课。

通过信息技术的这些特点，信息技术渗透下的语文教学将会迎来一场变革，教师要充分合理的利用这些特点更好地为教学服务，使语文教学在信息时代大放异彩。

2. 初中语文教学特点

初中语文课程有其独特的阶段性特点。

首先，初中语文的学习范畴大大增加，而且更加趋于社会化。初中学生所要掌握的语

文知识，课本已经远远不能满足，它们延伸到了更多方面，如书籍、报纸、杂志，甚至是网络，这些课外的知识是更加生动的教材，原本的知识很难满足他们的胃口，不能再停留在课本教学和课堂教学。

其次，随着初中课程的增多，学生的兴趣分化开始出现。很多学生的学习兴趣不仅仅停留在语文和数学两门学科上，而是分散到了更多学科中去，语文作为基础学科被很多学生轻视起来。通过对学生的调查可以看出，学生并不是讨厌语文学科，而是对于现在的很多语文教学不满。只要有效地改进语文教学，这种情况应该是可以改善的。

再次，语文教学的过程实质也是语言训练和思维训练交互的过程。与小学的识字造句相比，初中语文更加强调对语句的含义理解、文章脉络的分析、内容中心的提炼和概括等比较复杂的能力训练。初中阶段系统性的语文基础知识训练积累，在原有的简单记忆教学的基础上增加了抽象思维训练；加之这个时期学生的思维逐步从经验型向理论型发展，从形象思维向抽象思维发展，知识和经验不断内化，反映在语文学习上，则是理解和分析能力的明显加强。由过去的完全听老师的授课到现在的自我选择接受，可以看出学生的自我意识的增强，这就要求了语文教学应该更加人性化。综上所述，初中语文阶段的语文教学必须根据这些特点进行改进，才能使学生加大对语文课的兴趣，而信息技术既可以满足日益增加的知识量，也可以改变枯燥的知识灌输状况，正是现在教学所需要的。

(二)信息技术在语文教学中的可行性

1. 有利于提高学生的语文学习效率

现代信息技术的运用为语文学习创设了良好的言语环境。语文学科旨在通过语言文字的学习，培养和提高学生理解和运用母语的能力，但学生囿于自己的年龄和生活经历，要用生活中积累的相当有限的直接经验来学习抽象的语言文字显然会有困难。如某位老师在讲述"海市蜃楼"这一成语时，他千方百计、绞尽脑汁地把天空中悬浮的房屋描绘了一番；尽管教师的讲解十分生动，可一番描述下来，学生仍是似懂非懂。传统教学在给学生提供感性材料方面有很大的局限性，从而影响了学生对知识的理解和掌握，而现代信息技术可以很大程度上弥补传统教学的这一不足；教师运用现代信息技术，可以从网上下载一些生动、形象的图片，为学生获取抽象的语言文字提供了重要的"代替性经验"。

2. 有利于发挥教师的主导作用

对教师本身来说，现代信息技术打破了教师以教材为蓝本的教学思路，信息化教学环境下，语文教师应更加积极地学习有关教育教学理论，在教材的处理、把握学生的新特性、适应教法的变革等方面体现时代的特色。实际课堂教学中，教师应系统考虑教学活动诸要素和诸环节的相互作用，运用多种方式优化教学过程的各个环节，激发学生积极参与学习的热情。学生在通过信息技术运用多种学习策略和活动形式主动学习的同时，不断地将反馈信息传递给教师；教师则根据学生的反馈，不断地对教学过程实施随机调控。整个教学过程，实际上是一个双向交流互动、不断循环、不断调控的过程。因此，教师从自身出发，努力提高自身的信息素养和综合素质，使信息技术在语文教学中能得到有效运用，有利于教师主导作用的发挥。

3. 有利于丰富课堂教学方法

当前的初中语文教学方法还停留在较为原始的阶段。在传统的教学观念支配下，初中语文教学方法单一，并不仅仅是课堂教学方法单一，课下教学方法也存在单一落后的问题。信息网络技术在初中语文教学中的应用，就能够较好地丰富课堂教学方法，利用信息网络技术的优势，给学生带来全新的学习体验。在课堂教学中，一些教学内容十分抽象，难以让学生较好的理解其内容，教师就可以利用多媒体技术来教学。多媒体教学的一个重要作用就在于能够较好地将抽象的知识转化为生动可感的形象。教师在课前可以搜集相关的图片、视频等资料制作成教案，当教授到这一部分内容时，可以为学生播放相关的图片、视频材料，并且为学生讲解；这样一来，就能够使得学生更好地理解教学内容，也有利于加深其记忆，领略文章的魅力所在。

4. 有利于转变学习方式

所谓学习方式的转变，是指从单一、被动的学习方式，向多样化的学习方式的转变。学生学习的过程不是学生被动地吸收课本上的现成结论，而是一个学生亲身参与丰富、生动的思维活动，经历一个实践和创新的过程。从语文教学形式来说，传统的教学方法以教师的讲授为主，教学过程以教师和课本为中心，学生处在被动接受的地位，因而很难实现学生主动建构的目的。语文学习主要是通过听说读写的语言实践来提高学生的语文素养，现代信息技术的运用、计算机人机对话的实现、网络中信息的自由交换，改变了传统的教学方法和教学组织形式，教师和学生的角色也发生了变化，教师从单纯地传授知识为主转变为学生学习的引导者、启发者和教学资源的组织者，而学生则由被动接受向自由选择、自主探索的方向发展，信息技术成为学生探索知识、发展理解力、提高学习兴趣的有效途径，充分发挥了学习主体的作用。同时，信息化教学要求学生有更高的学习自觉性、更强的自我控制能力、更强的自我学习能力。因此，现代信息技术对语文教学中落实自主、合作、探究的学习方式，开展语文课综合性学习，养成良好的学习习惯，提供了广阔的施展空间。

三、信息技术在语文教学中的应用策略

(一) 立足教材，注意文本语言魅力

信息技术的参与，极大地丰富了语文教学的形式。现在走进初中的语文课堂，会看到昏暗的教室里，学生们都目不转睛地盯着多媒体投影的大屏幕，老师用电子教鞭在屏幕上进行着课文分析的演示，时不时地传出优美的配乐朗诵声。一整堂课结束，根本没有看到学生翻阅手中的课本，课本成了学生书桌上的摆设、教师手中的装饰品。窗外听不到朗朗的读书声和刷刷的记笔记的声音，取而代之的是媒体播放的各种生动的音效与声响。空间状态和时间限制，使得学生没有过多时间研读教材、记录笔记。

多媒体课件图文并茂、声影俱全，原本给了语文老师更大的课堂发挥的空间，但是很多教师都把这种发挥运用在了教学形式的设计上，而不是对于教材内容的精讲上。众所周知，在教师的备课过程中，第一步就是"备教材"，备课的过程要求教师的"备方法"要在钻研透彻教材之后才可以有理有据地进行。课堂教学就更不用说，语文课堂的学习就是为了让学生通过诵读理解语言的魅力，感受文章本身的思想感情。语文不是简单地因为画面而形象，因为声音而感性的，它是因为语言自身的魅力而吸引我们的。课堂教学过程也正是教师带领学生通过对课文的钻研、揣摩、体会、想象，而进一步概括、理解和迁移的过程。信息技术只是教学的辅助手段，就和教师手中的粉笔和黑板一样。不管是传统媒体还是现代媒体，都是为传授手中的那本书的精髓服务的，没有了这本书，其他的只是摆设而已。

语文教材作为语言文字的载体，在培养学生的语文能力、提高语言表达方面无疑具有重要的作用。教师只有在参透了教材的基础上，才可以进一步思考教学内容与形式的扩展和补充。学生对于课文的理解、对于文本自身的语言魅力的体会，不是简单的通过播放几幅图片、听几段美妙的音乐、欣赏一些优美的视频画面就可以产生的。只有真正地去研读，学会分析文本的方法，独立去思考文意，才可以达到。信息技术的匆匆课文演示，学生的印象并不深刻，没有亲自动手和动脑，印象一定不会深刻，不能完全透彻的理解课文的魅力，违背了教学的初衷。

(二) 因课制宜，采取不同的教学方法

虽然现代信息技术有许多的优点，但现代信息技术也不是万能的。在语文教学中，针对不同的课型，教师应采取不同的教授方法。

语文教学中应该根据内容来决定是否需要使用多媒体教学，对于那些用传统教学方法就能达到教学目的的教学内容，就没有必要耗费人力、财力去进行多媒体转换。而在课前导入拓展新课内容、培养学生研究性学习能力和拓展性练习等方面，正是多媒体教学显示威力的地方。

课前导入应该具有集中学生注意力的作用，教师运用富有感染力的教学语言，再配以与课文内容相适应的形象的多媒体内容，可以起到激发学生求知欲的效果；教师要拓展新课内容，如果能借助网络搜索，可以在最大范围内尽快搜索到最有用的信息；研究性学习的开展顺应先进教育理论的发展，有利于学生创新精神和实践能力的培养，为研究性学习创造了有利的条件。这几部分内容之所以可以使用现代信息技术来操作，主要是从它们的教学特点来考虑的，只有符合语文教学规律，才能产生良好的教学效果。

对于语文教学过程中的其他教学部分，如对于文本的深入分析，提倡传统的做法不是没有道理。根据接受理论，语文教学还是应该重视文本阅读，通过对作品的理解来增加感悟能力，语文教师要注重学生的听说读写能力的训练，要重视朗读环节，重视语文学习习惯的培养。

（三）利用网络平台，拓展教学内容

利用信息网络的优势积极拓展初中语文教学内容，在教学中，将与教学内容相关的各种课文资源进行整合，利用搜索功能快速查找相关资源，在课堂教学中为学生进行课外教学内容拓展。初中语文教学中的很多内容都需要进行相应的课外教学内容拓展，仅仅依靠课本教学内容很难让学生全面、形象地了解问题，因而信息网络在初中语文教学中的应用，极大提高了课外教学内容拓展的效率。教师利用信息网络技术可以找到相应的资源，并且将之整理成课件资料为学生展示，同时，在课堂教学中，借助于多媒体设备和网络，教师也可以随时进行课外教学内容拓展。进行课外教学内容拓展的意义在于增加学生的知识面，使得学生能够更加全面的认识学习内容，并且还能激发学生学习兴趣。但是对于所拓展的教学内容也应当进行严格的选择，防止一些不良信息进入其中，并且要保障拓展教学内容有着较强的关联性。为了更好地激发学生的学习兴趣，教师在选择课外拓展教学内容时，也可以选择一些具有趣味性的资料，或者一些学生可能感兴趣的话题。由此可见，利用信息网络进行课外教学内容拓展，是信息网络在初中语文教学应用中较为重要的一个环节，有助于提高教学质量。

（四）张弛有度，注意情感交流

如果说语文教学的过程是师生情感交流的过程，那么信息多媒体的加入，就是"第三者"的闯入。现代语文课堂，很多时候教师依赖多媒体传授知识，课堂由过去的两元"教师——学生"，变成了现在的"教师——多媒体——学生"的三元关系，知识的传达需要各种现代教学手段的参与才可以完成。教师把课堂关注的重点从过去直面学生对于知识和技能接受程度的反馈，变成了时刻关注课件演示的细节。学生关注的重点则由过去的关注教师的讲解，变成了单纯地随着幻灯片的变化而转移，思维跟随演示内容的改变而运转，对教学内容的直接反馈被拦截了。这时的教师就像是一个单纯的放映员，而学生则是一个普通的观众，师生之间的情感交流，变成了冰冷的"人机对话"。

信息技术与初中语文的整合，是为了更好地体现现代教学的多元化和人文性，发挥信息技术的优势，为语文教学服务，而不是为了取代教师的主导地位而出现的。教师在课堂上的地位依旧应该是引导者，而不是一个辅助的操作员。语文教学之所以在所有教学中地位如此特殊、如此重要，不仅仅是因为它是我们的母语，是基础学科，很大程度上是因为语文课程的传授，实质上也是一种民族文化和民族价值观的传授。教师在传授语文知识的同时，也在无形中教授给学生如何做人、如何面对生活的态度等情感价值。从传播学角度来看，教师本身就是媒体，通过教师和蔼可亲的教态、生动丰富的语言讲解，教材中的知识和作品中的情感才可以传达给学生，让学生接受。所以，如果教师过分依赖多媒体，只会弱化自身的作用，最终丧失应有的意义。

信息技术的参与应该做到张弛有度，不是教师放手，任凭多媒体这条绳子牵着学生走，而是应该充分利用多媒体的独特特点，让原本普通的交流变得更加与众不同。创设情境、引导学生，按自己的意愿组织教学，展现自己的教学风格，这才是教师应该做的本职。现代课堂信息技术当用时则用，不当用时则省，技术应该是被人所用，而不是被技术束缚了手脚，不可以让机器代替了人，不然课堂只会是冰冷的电影院，而不是温暖的心灵家园。

（五）因时制宜，为学生留出想象空间

一个好的教学环节要遵循"最近发展区"理论，让学生"跳一跳能达到"。有些老师运用现代信息技术时直接将文本的人物形象、情节用图片、视频的方式展示给学生，但这些直观、形象的画面使学生根本无法受到思维和想象的挑战。因此，教师在运用现代信息技术教学时，要为学生的思维和想象留出足够的空间，用引导的方式使学生体会到文字背后所蕴藏的内在美和丰富的情感，这样不仅提高了他们的想象力，对文本的理解也更加深刻。

第八章 基于核心素养的初中语文教师的专业发展

第一节 初中语文教师核心素养指标分析

一、语文教师核心素养指标

语文教师核心素养既可以按照学生核心素养发展体系进行划分，具体涉及"语文学科知识、语文学科素养、语文教研能力、教学设计能力、教育教学知识、教学管理能力、交流合作能力、终身学习能力、个人修养与行为、情感趋向能力、教学评价能力、职业认同与理解、教学态度与行为、语文课程能力和教学创新能力"；也可以按照学生语文学习五大领域进行划分，具体涉及"语文课程理解、语文教学观念、拼音教学、识字教学、书写、书法的学习指导、课文的教学解读、教学目标确定与教学内容选择、教学活动、教学资源与教学点的一致性、对学生学习状态的关注、整本书阅读指导、写作知识和写作教学知识的更新、给学生提供多种写作机会、写作学习活动设计与过程指导、习作修改指导与习作评价、口语交际教学的专业性、口语交际教学内容选择、口语交际教学活动的开展、综合性学习的认识、综合性学习方案编制、综合性学习活动过程的指导"；还可以根据教师核心素养指标进行划分，具体涉及"知识素养、能力素养、道德素养"；甚至还可以根据语文学科核心素养四项指标进行划分，具体涉及"语文教师语言素养、语文教师思维素养、语文教师审美素养和语文教师文化素养"。如果仅从语文教学活动的角度去思考，语文教师核心素养主要包括阅读教学素养、表达教学素养、教学设计素养。当然，任何一种分析都难免会出现挂一漏万的问题，在指标划分的全面性和精当性方面，无须过多纠结，比确定语文教师核心素养要素更重要的，是如何提升和发展语文教师的核心素养。

二、语文教师核心素养分析

(一) 阅读教学素养的内涵及意义

纵观基础教育阶段的语文课程教学，其实它进行的基本是"阅读教学"或"文章教学"，其他几类学习项目如"识字写字""口语交际"等也都是通过"阅读教学"来完成的。阅读是运用语言文字获取信息、认识世界、发展思维、获得审美体验的重要途径。阅读教学是学生、教师、教科书编者、文本之间对话的过程，这就更加确定了"阅读"以及"阅读教学"之于语文教师核心素养发展的重要性。

阅读实质上是有广义和狭义之分的，也就是有两种"阅读"，一种是日常所说的阅读，一种特指语文课程中的阅读。而从范围上来讲，前者是包括后者的，后者是对前者的提炼和深化。日常所说的阅读更多的是一种社会意义上的阅读，其阅读的对象不仅仅是文字、图画等信息符号，还应该包括整个物质世界和人类的社会生活。而狭义的阅读，也就是语文课程中的阅读，一般来讲，就是教师引导学生，通过一系列的方式方法促使学生更好地感知并理解书面信息符号（主要是教材中的课文以及各类读本）的表面内容及其背后隐含的、需要通过复杂的心理过程才能了解的意蕴，并在整个思维活动中伴随着动机、兴趣、情感、意志、性格等智力和非智力因素。只不过这个过程是在有组织、有计划、有规范的引导下进行的，并使这种"阅读"成为一种习惯、一项技能。总的来说，学校内所掌握的"阅读"是为社会中的"阅读"服务的，或者说是为学生将来走进社会进行"阅读"服务的。

而从教师核心素养"阅读教学素养"的角度来说，应重点把握以下四点。第一，明确阅读教学的目标：培养学生的阅读兴趣，督促学生养成良好的阅读习惯，丰富学生的阅读积累，增强学生的在场体验和语言感应能力，进而全面提升学生的语文素养。第二，掌握阅读教学的技能：能够教授学生多种具体的阅读方法，如朗读、默读、略读、诵读等。无论哪种阅读方法，其所要达到的最基本的目标是一致的，然而语文课程中的阅读教学理应在此基础上有更高的追求。第三，懂得阅读教学的一般原则：循序渐进地训练学生的阅读能力，卓有成效地培养学生的阅读技巧。

(二) 表达教学素养的内涵及意义

一般提及"表达"，首先想到的可能是人际之间的互动、交流，即"口语"表达，往往遗忘了"写作"也是表达，并且是一种更为重要的表达。在语文教育中，为了将之与

"口语"（口头语）表达区分开来，往往将"写作"称为"书面"（书面语）表达。如果再宽泛点说，"表达"远不止"口语"和"书面"两种，一个表情、一个举止，都是一种具体表达，只不过形式稍有不同罢了。从这个意义上说，教师的"表达"实则包括了三种行为：说、写、做，其中的"做"既是对"说""写"的概括，也是对教师专业实践的要求。

从教师核心素养"表达教学素养"的角度来说，需要重点对"口语交际"（口语表达）"写作"（书面表达）两项事关学生核心素养的学习活动进行阐释。只有正确认识"口语交际""写作"的概念要旨，才能真正理解和认识教师"表达教学素养"的内涵和意义。

1. 口语表达

"口语交际"在人的社会化过程中的重要性，它不仅仅表现为一个人的沟通交流能力，也是一个人能否适应当今社会时代发展的评价指标之一。但对于何为"口语交际"，往往存在简单化理解的倾向。

《现代汉语词典》对"口语"的解释是，"谈话时使用的语言"；对"交际"的解释是，"人与人之间往来接触"。可以说，语文教育教学中常说的"听说读写"活动，实质上就是学生掌握和运用"语言"来表达思想、交流情感的过程和结果。此外，还要注意"言语"发出者的个别性和创造性。用语言学的观点来看，"语言"是约定俗成、有规则的，而"言语"则是动态的、社会性的。这也就决定了相同的言语者在不同的言语环境亦或是不同的言语者在相同的言语环境下往往因为自身或周边的不确定因素说出风格迥异的言语。这也赋予了口语的交际属性，只有通过人与人之间的接触往来才能更好地实现沟通，达成一致。所以，"交际性"也应成为"表达"的核心要旨。

总而言之，"口语交际"就是指在特定的言语环境中利用标准的有声言语和相应的姿态言语相互传递并分享信息的过程，是人与人之间进行听说沟通、双向反馈的一种实践活动。基于此，"口语交际"本身就是一种动态存在。此时，"口语交际"等同于"口语交际教学"，只不过"口语交际教学"突出了"教学性"，使"口语交际"这项活动有了特定的方向和目的。

2. 书面表达

《现代汉语词典》将"写作"定义为"写文章（有时专指文学创作）"。从"写"的字源意义上来看，其有"我心写者，舒其情意，无留恨也"的注解。"作"有"创作，撰述"的义项。合二为一来看，"写作"就是将心中所想、所思、所感移植到由字、词、句、段等搭构起来的文章里，通过符号毫无保留地抒发或者呈现出来。这也就有了"宣泄、排除"之意。这与《现代汉语词典》的定义是吻合的。"写作"是富有艺术性的创造。当下的"写作课"基本表现为两种状态，一种是"写作前"的"命题、要求、引导"，一种是"写作后"的"批改、点评"。而对"写作中"的"观察、指导"则是缺失的。可以说，这种程式化的写作教学训练与所期待的写作教学范式是相悖的，而且这样的训练、指导，也绝不可能真正地提高学生的写作能力与写作素养。总之，有了这份清醒的认识，可以加深我们对当下的写作学习、写作教学法现状的认识，从而调整教学行为，使写作教学真正走出"少慢差费"的尴尬境地。

《现代汉语词典》对"作文"的定义是："①写文章（多指学生练习写作）；②学生作为练习所写的文章。"将第一个解释与上文《现代汉语词典》对"写作"的定义进行比较，可以清楚地分辨出"写作"和"作文"的区别。而且，《中学语文词典》也做了同样的解释。这更清晰地说明初中语文教学更多地进行的是"作文教学"而非"写作教学"。"写作"的范围是大于"作文"的，而且其指向不同，前者具有极强的社会性指向，后者具有较强的教学性或学习性指向。针对两者在语文课程中的使用混乱情况，可喜的是新版课标中已不再用"作文"这一术语概念来作为课程名称，这表明课标研制者已经意识到它可能产生的负面效应。本书建议，今后的教学还是不宜再继续使用"习作""作文"或"写作文"这类可能引起观念性误解的术语概念。语文课程是为生活服务的，故语文教育教学中还是统一用"写作"这个概念比较好，它更贴近社会，自由性更大些，而且它还约定俗成地指向书面语的创制与表现，有利于改变"写"的教学的虚假性，有利于教学与实践归于同一。这也与新课改所强调的素养理念相一致。

(三) 教学设计素养的内涵及意义

"教学设计"是 20 世纪 50 年代后逐渐形成的一门综合性学科，起初它与教育技术学、教学科学等密切相关，而后随着教与学理论的日益完善，教学设计开始成为一个独立的研究领域。可以说，任何一个从事教育工作的人都不可能对之陌生。对这一概念术语的解释，可谓丰富。从课堂教学的角度而言，本书认为"教学设计"的基本含义就是"设计教学"，说得更具体完善些，就是"设计教师的教与学生的学"，并且主要是以"设计学生的学"为核心宗旨的。据此也就不难理解为何要将"教学设计"作为教师的核心素养去考量了。

然而进入课堂教学现场后，会发现教师们的教学设计基本是个人经验本位的，存在较大的随意性和偶然性。

其实，不仅语文学科如此，其他很多学科亦如是。根本原因在于教师在面对课程与教材时，既缺少一种教学目标方向感，也没有一种质量评价标准底线。虽然国家政策性文件已明确要求课堂教学要依据课程标准来设计与实施，然而教师的课程标准使用意识仍然淡薄，对课程标准的理解与认识仍不到位，基于课程标准的课堂教学仍很少见，这也就导致了大多数教师并不能"像专家一样"整体地思考标准、教材、教学与评价的一致性问题，自然也就难以实现课程标准对教材编写、教学、评估与考试命题的指引性作用。因此，为了克服并缩小"标准研制"与"课程实施"之间的落差，提倡教育应该具备"一致性"教学设计理念。

教学设计是一种专业性极强的人类行为和研究领域。与其密切相关的四个核心问题是"为什么教""教什么""怎么教""教到什么程度"，广大一线教师往往聚焦于中间两个问题"教什么"和"怎么教"，甚至还有一些学科如语文等可能只关注"怎么教"，对其他两个问题即"为什么教"和"教到什么程度"却置若罔闻，探讨研究得实在太少。究其缘由，主要是因为没有整体一致地将这四个前后关联的问题置放于"课程"这个视域来统筹考量。基于标准的教育改革实质上就是一场以编制课程标准为起点，依据课程标准开展课程、教学、评价和教师专业发展等方面改革的国际性运动。结合课程标准来看，"为什么教"主要指向"课程目标"，"教什么"主要指向"课程内容"，"怎么教"主要指向"实施建议"，"教到什么程度"主要指向"评价质量"。而从"课堂"这个微观视域来看（即"教学设计"的过程），"为什么教"主要指向"教学目标"，"教什么"主要指向"教学内容"，"怎么教"主要指向"教学活动"，"教到什么程度"主要指向"教学评价"。很显然，"目标——内容——实施——评价"四要素中蕴含着"教学一致性"问题。

"教学一致性"包括四种形式："目标——教"一致性、"教——学"一致性、"学——评"一致性、"评——目标"一致性。它们两两联动，共同构成了"一致性"的基本含义。然而"目标——教——学——评"并非单方向的线性演进，"教"和"评"要指向目标，学生的学习过程也应该指向目标。同理，"评价"能够检测目标的实现情况，同时也能直接反映"教"和"学"的效果。所以，"目标、教、学、评"四要素间并不是只有相连的两者才具有"一致性"要求，每一个要素与其他三者形成网状，互相铆接，是"牵一发而动全身"的关系。然而，当前指向学生发展核心素养的新一轮基础教育改革正在施行，因此，在日常的教学设计中就不得不去思考学科核心素养的渗透与落实的问题，而核心素养的"渗透与落实"绝非单靠哪一个环节就行的，必须将之贯彻到"目标——教——学——评"的整个过程中。

不言而喻，不管是教学设计还是基于教学设计的课堂教学，都旨在最大限度地实现目标导向下的教——学——评的一致性。对这种理念的认识与贯彻则一定程度地决定了教师的专业水平和业务素养。质言之，基于"一致性"的教学设计不仅是语文课堂走向科学的本质诉求，更是语文教学走向专业的必然选择，还是提升语文教师核心素养的应然途径。

第二节　初中语文教师专业发展的支持系统

为初中语文教师专业成长提供保障与支持的，是一个由大学、教育主管部门和中学共同构成的"三位一体"的大系统。按照提供保障的主体以及教师发展的阶段，可分为职前的大学培养与职后的各种培训。近年来，随着中国学生核心素养的发布，新课程标准的颁布，以及初中语文统编教材的使用，初中语文核心素养教育从理念变为现实，同时对初中语文教师的专业成长也提出了新的诉求。作为初中语文教师职前培养主体的师范院校，与作为初中语文教学现场的各地中学，自然要为核心素养教育背景下的初中语文教师培养、培训提供保障和支持，也必然会成为新时代初中语文教师专业成长的主阵地。

一、加强汉语言文学（师范）专业建设力度

初中语文教学的新理念、新标准、新教材的变革，在对在职初中语文教师提出新要求的同时，对作为未来初中语文教师培养主体的师范院校，尤其是汉语言文学（师范）专业的教育教学，也必然会产生深刻影响，需要全新应对，以培养出胜任新时代初中语文教学的高素质师资队伍。

（一）优化专业课程设置

不论是基于学习产出的教育模式（OBE），是为应对新一轮基础教育大变革的倒逼，还是响应一系列国家政策的号召，师范院校汉语言文学（师范）专业作为未来语文教师培养的主阵地，只有做好充分应对，才不至于被不断优化的现代教师教育体系所淘汰。

教育部高教司组织研制了《普通高等学校本科专业类教学质量国家标准》，作为设置本科专业、指导专业建设、评价专业教学质量的基本依据。该《标准》以专业类为单位，明确了适用专业、培养目标、培养规格、课程体系、师资队伍、教学条件、质量保障等各方面要求。中国语言文学类（0501）包括汉语言文学专业（050101）、汉语言（050102）、汉语国际教育（050103）、中国少数民族语言文学（050104）、古典文献学（050105）5个本科专业。通常汉语言文学专业下还会再分师范、高级文秘等方向。《中国语言文学类教

学质量国家标准》"培养目标"强调："培养学生具有坚定的政治方向、扎实的中国语言文字基础和较高的文学修养，系统掌握中国语言文学的基本知识，具有较强的文学感悟能力、文献典籍阅读能力、审美鉴评能力和运用母语进行书面、口语表达的能力；掌握 1 门以上外语，有计算机文字信息处理能力和人际沟通、交往能力。学生毕业后能够以专业优势在实际工作中发挥所长；可继续攻读研究生；也可在行政机关以及文化教育、传媒机构、对外交流等各类企事业单位工作。"要求不同类型高校中国语言文学类本科专业在参照这一培养目标制定、修订具体培养目标及培养方案时，"既考虑到基础学科的特点，又关注社会人才需求的变化，注意创业就业的导向"，也就是基于产出导向的人才培养。该《标准》在"培养规格"的"素质要求"中强调"具备适应社会发展主动获取和更新专业知识的基本素养"；在"能力要求"中强调"具有感悟、辨析和探究语言文字现象的能力，能够综合运用所学知识鉴赏、评价文学作品和相关文化现象。在母语和国家通用语的阅读理解、口头表达、文字表达方面体现出明显的优势"。《标准》规定，中国语言文学类专业的"课程体系"由通识教育课程、专业教育课程和综合教育课程三部分构成，专业教育课程包括本学科基础性课程、相关专业的专业性课程以及专业实习实践，其中"汉语言文学"专业的"专业基础（必修）课程"为文学概论、语言学概论、古代汉语、现代汉语、中国古代文学、中国现当代文学、外国文学、大学写作 8 门，其中古代汉语、现代汉语、中国古代文学、中国现当代文学又是包括汉语言、汉语国际教育、中国少数民族语言文学、古典文献在内的全部汉语言文学类专业的基础（必修）课程。

新的语文课程理念、课程方案、课程标准，以及统编语文教材，是师范毕业生入职后进入中学必须面对的现实。而大学长期存在的问题则是不关注基础教育的改革发展。基于这样的现实，高师汉语言文学专业课程众多的科目可整合为语言学、言语学、阅读学三个板块，这样既能和初中语文教育衔接，也便于学习者对课程内容的把握。每一个板块均包含数量不等的专业课：语言学板块包括古汉语基础、语法与逻辑、语言学概论等；言语学板块包括：语用学、广义修辞学（包括辞章学）、高师写作学、讲演口才学等；阅读学板块包括文学理论与鉴赏、文学史论、作品导读与读法指导等（各类的文学课程均可包含其中）。这三个板块课程的内容是由初中语文教师所需的汉语言文学教育素养决定的。这份基于初中语文教师专业成长需求的汉语言文学（师范）专业课程方案，具有较强的针对性，可作为汉语言文学（师范）专业课程改革的发展方向。当然，在具体实施过程中，这份关注初中语文教学的课程方案，可能会遇到师资匹配的问题。

(二)提升专业教学水平

1. 加强专业基础课程教学与初中语文的衔接

汉语言文学(师范)专业基础(必修)课教师必须对初中语文教学内容给予足够的关注,切不可因在初中语文课本中曾经出现,就在教学中忽略或者只是一笔带过。相反,从为将来计的立场出发,汉语言文学专业基础(必修)课中这部分与初中语文重叠的内容,恰恰是应该给予重点关注的所在。汉语言文学专业课教师,既要做科学研究的领路人,也要做课堂教学的示范者。大学老师要多讲自己的研究心得,展示研究思路与方法,照本宣科是培养不出优秀师范生的。

2. 提升学科"课程与教学论师"资队伍水平

从学科归属来看,大学里的"课程与教学论"是教育学下面的二级学科,中国语言文学系中从事语文学科教学的老师,在学科归属上属于小众,一般也就1~2人。而师范院校多数面临着办学层次亟待提升的问题,为突破发展瓶颈,各校纷纷加大学科建设力度,出台科研奖励政策,加大科研奖励力度,鼓励多出科研成果,多拿课题奖项。正是在这样的背景下,语文学科教学论的师资队伍在中文系正在逐渐被边缘化。即使在教育学下设立"教师教育"二级学科,每个专业1~2人的学科"课程与教学论"的教师集聚在一起,也像支杂牌军,更无归属感。

过去评职称,不同学科、专业,只按文、理、工分大类制定标准,学科"课程与教学论"的教师往往吃瘪,职称晋升每每不顺,工作积极性多有挫伤。从持续发展的角度,师范专业认证标准二级、三级均提出要"建立教师分类评价制度,合理制定学科课程与教学论等教师教育实践类课程教师评价标准,评价结果与绩效分配、职称评聘挂钩"。国家为学科"课程与教学论"师资提供的这些政策保障是好事,有必要,但在具体执行时,还必须防止"矮化"学科"课程与教学论"师资队伍的现象。实施分类评价,实行倾斜政策,在保障与稳定一支教师教育实践教学师资队伍方面会起到至关重要的作用。但打造学科教学论师资队伍的根本目的还在于提高师范生的专业素养,为师范生的专业成长保驾护航。从实践教学出发,必须不断提升学科课程与教学论师资队伍的实践教学指导水平,要创造条件让他们进驻中小学,关注、了解、吃透基础教育改革的精神实质,参与基础教育的前沿改革,在中小学的语文课堂锻炼成为语文教学的行家里手。此外,有条件的师范院校还可适当从基础教育领域引进部分教授级初中语文特级教师,不断提升学科课程与教学论这支队伍的实践教学指导水平。

(三) 提高师范生生源质量

为建设教育强国，提供"第一资源"，人是第一要素。在党和政府不断发力持续推进教师教育供给侧结构改革的当下，提高师范生生源质量实属当务之急。

1. 本科师范生

现在很多中学招考教师，更愿意招高水平综合性大学的本科、硕士毕业生。理由是，一个教师的专业水平起点不高，将会影响其一生，因为进入中学工作后，其专业素养的成长有限；教育素养、教学经验不足，靠校本研修，靠传帮带，很快就能赶上，毕竟这些素养大多也是通过在中学的教育实践得来的。

师范毕业生具备一定的教育素养和教学技能，进入教师角色快，这是优点；但普遍的缺点是专业基础不够扎实，发展潜力不足。高水平综合性大学的毕业生，虽说暂时缺少教师教育素养，但其优点是专业基础扎实，发展潜力大。从打造名师、名校的角度看，重点中学招聘专业基础广博且扎实的高水平综合性大学的非师范毕业生，自有其合情之处。

目前，我国的教师教育已进入多元开放的时代。初中语文教师的来源有三：一是传统师范院校汉语言文学专业毕业生；二是综合性大学的教师教育学院（研究生以上层次居多）；三是非师范专业的高校毕业生。但主体仍是师范院校，其中占多数的地方师范院校均在二本招生，从源头上提高生源质量，几乎不可能。如此一来，在这些师范学院实行师范生二次选拔，将立志从事基础教育的优秀生源调整选拔进师范生队伍，就显得尤为重要。

高等师范院校的二次选拔，也要避免因师范生拨款普遍增加，而敞开非师范转入师范的大门，变得"唯利是图"。

2. 教育硕士

教育硕士目前在招生制度上并不限制跨专业、非师范本科生报考，其结果是出现了四种身份的生源：本专业师范生、本专业非师范生、跨专业师范生、跨专业非师范生。笔者强烈建议，少招或不招跨专业非师范的"双非"生源。因为从现有培养成效看，两年时间，其能达到的专业素养水平并不理想，亦难满足当前语文核心素养在语言、思维、审美、文化等方面对语文教师提出的新要求。

从教育硕士现有培养方案来说，以学科教学语文为例，对于非师范毕业的学生，要求其在入学后根据自身专业背景和发展需要，补修教育学、心理学、学科教学法等不少于3门的教师教育课程；对于跨专业毕业的学生，要求其在入学后补修中国现当代文学、中国古代文学、现代汉语、古代汉语等不少于 2 门学科的专业基础课。这些课程均不计入学分，因此，也很难保证补修效果。

从提高师范生生源质量出发，鼓励高水平综合性大学非师范的汉语言文学专业本科生报考教育硕士的学科教学——语文，是提升初中语文教师队伍专业素养水平的重要举措。

二、搭建初中语文教师专业成长共同体

教师专业成长共同体的模式，从师范生培养院校、中小学（U-S）的双方合作，到师范生培养院校、中小学与政府（U-G-S）的三方协同，在国家政策的鼓励与支持下，正呈现出多元发展的态势。如何搭建适应核心素养教育的初中语文教师专业成长共同体？一是领会、贯彻、落实国家相关教育文件精神；二是借鉴已有经验，创新共同体范式。

（一）政策视域中的教师专业成长"共同体"

在借鉴与总结国内外近半个世纪有关教师教育共同体研究成果与实践经验的基础上，进入新时代以来，在全面深化师资队伍建设的进程中，仅从政策层面考察，涉及建构教师专业成长"共同体"的要求与部署可谓所在皆是。

对于"U-G-S"共同体中的师范生培养院校，国家通过师范专业认证标准的制定，做了更为具体的要求。师范专业认证标准中学二级、三级均在"培养目标"中强调目标内涵要能"为师范生、教师、教学管理人员及其他利益相关方所理解和认同"，而对培养目标的"评价和修订过程应有利益相关方参与"。同样，在对课程体系的合理性和课程目标的达成度进行评价与修订的过程中，亦要求"应有利益相关方参与"。这里的"利益相关方"主要指地方教育行政部门和中学。而在"合作与实践"部分首先强调"协同育人"，要求各师范专业与地方教育行政部门和中学建立权责明晰、稳定协调、合作共赢的"三位一体"协同培养机制，基本形成教师培养、培训、研究和服务一体化的合作共同体，同时强调实行高校教师与优秀中学教师共同指导教育实践的"双导师"制度，鼓励探索高校和中学"协同教研""双向互聘""岗位互换"等共同发展机制。这些规定，从源头上保障了教师专业发展共同体的有效建构。

（二）"名师工作室" + "研究生工作站"范式

最初的教师专业发展共同体，是围绕师范生（含教育硕士）的培养，以中小学为实践基地慢慢形成的，后来逐渐拓展到中小学在职教师的专业学习，形成了职前、职后一体化的专业学习共同体，因此这个共同体的落脚点往往在中小学。然而，由于师范生的实践教

学往往是多学科同时进驻中小学，带队的指导老师有时却只有一个学科的课程与教学论老师，自然也就很难结成稳固的教师专业成长共同体，更不用说围绕某一学科教学开展深度合作教研了。以初中语文教师的专业养成为例，采用"名师工作室"＋"研究生工作站"的共同体范式，可以有效解决上述普遍存在的问题。

语文"名师工作室"本身就是一个教科研共同体，一般由语文特级教师领衔，有的干脆就叫"特级教师工作室"，由语文特级教师、高级教师和骨干教师构成，承担着人才培养和科学研究的任务，发挥传、帮、带的作用，以建资源、做教研、带队伍、出成果、育名师为目标，开展学习、研讨、交流、课程培训、资源建设等活动。这样的语文教师专业教育发展共同体，具有如下特点：一是学科构成单一，名师的学科归属决定了整个共同体的学科属性，语文特级教师领衔的工作室，其全部构成人员均为初中语文教师；二是学科梯队有层次，除有作为师德表率、育人模范、教学专家的领衔名师外，团队成员中往往另有作为教研中坚力量的高级教师数人，若干专业发展前景较好的青年骨干教师，有时还会接纳来自其他学校，尤其是农村初中的青年教师；三是专业发展愿景明晰，团队中名师的榜样作用对其他成员的影响是明显的，名师既是学习的对象，也是其他团队成员专业发展的目标，当然这也是成立名师工作室的初衷所在。

"研究生工作站"最初是按照专业方向建在相关企业的，为培育研究生实践能力服务，进入工作站的研究生在产业教授的指导下，将工作与学习、理论与实践有机结合起来，这种"临床式"的培养方式可以极大提高工程类专业硕士的培养成效。近年来，这种按照专业方向设立的"研究生工作站"，也广泛用于教育硕士的培养，教育硕士培养院校亦多在优质中学建立研究生工作站，聘请优秀中学教师作为实践导师，指导进站研究生的教育教学实践。教育硕士的培养，需要"U–S"双导师，即由具有良好学科素养的高校教师和具有丰富实践经验的中学教师共同指导。但与本科师范生的教学实践一样，目前教育硕士招生院校在中学设立的研究生工作站往往是由学校层面对接，多学科一同进驻，研究生工作站与实践学校基本等同，随同研究生进站的往往只是一两位带队老师，"U–S"协同教研的氛围难以形成。如果按学科来建设研究生工作站，将研究生工作站建在名师工作室上，以教育硕士的学科教学·语文为例，这种"名师工作室"＋"研究生工作站"共同体范式，可高效推动师范生与初中语文教师的专业成长。

1. 形成了互惠共赢局面

"名师工作室"拥有任教学科相同、结构合理、来源广泛、指导力量强的实践教学导师团队，有固定的教研活动场所，有所在学校的大力支持。在此基础上建设的"研究生工作站"，教育硕士不仅有固定活动场所，更能得到集中有效的指导。而"研究生工作站"

的单一学科属性（取决于"特级教师工作室"的学科背景），有利于高校的学科团队与名师工作室团队开展合作研究，发挥高校科学研究的长处，联合申报项目、出版著作，协助"名师工作室"培养骨干教师，更好地发挥传、帮、带作用。

2. 提高了实践教学质量

有了"名师工作室"，教育硕士在实践基地就有了家的归属感，而高校教师也愿意将研讨交流的场所放在这样的有明确学科背景的"研究生工作站"，教育硕士的实践教学也会开展得更加扎实有效。实践证明，在这样的教师专业发展共同体中，研究生不仅实践创新能力显著提升，而且毕业论文质量普遍较高。

3. 有利于区域教育发展

有道是日久生情，在"研究生工作站"待长了，与所在中学的感情自然也就深了，毕业了也愿意留下来。在"工作站"成长起来的教育硕士，与"名师工作室"的骨干教师们一同成长，对本地基础教育教学已然熟悉，留下来工作，无须适应期，其成长为基础教育一线骨干教师的比例也高。这种"名师工作室"＋"研究生工作站"共同体范式，有利于形成互惠共赢的长效合作机制，有利于区域教育的健康发展。

第三节　初中语文教师专业发展的关键要素

一、初中语文教师的阅读教学素养

面对新的时代要求，如何提升自己的阅读素养，如何提高学生的阅读效能，是每位语文教师以及将要从事语文教学的师范生必须思考的问题。

（一）提高初中语文教师的阅读素养

对于如何提高初中语文教师的阅读素养，仁者见仁、智者见智，除了要求博览群书外，更多的是就读书方法的讨论。在众多读书方法中，尤其值得关注的是主张读书要口到、手到、心到。所谓"口到"，就是诵读、朗读，它是人类阅读的最初形态，它能有效调动人们的视听觉，加强人们的接受感知度，尤其是在阅读古典文学中的韵文部分，更是具有独特功效。所谓"手到"，就是做随文批注，做读书笔记，从经学到文学，这种读书方法已经成为我国传统读书方法的主流，以至于有人强调不动笔墨不读书。现在提倡读写结合，一则增强阅读的目的性，二来通过写作巩固和深化阅读效果。所谓"心到"，是指阅读时要投入，要能沉浸其中，要有自己的思考，大概就是通常所说的"深度阅读"。只有"心到"了，阅读才不会流于为阅读而阅读的形式主义；只要"心到"了，即使是读常见书，也会有不一样的收获。

（二）提高整本书阅读教学指导能力

初中语文新课标与统编教材均将整本书的阅读提上日程，并将其纳入"教读——自读——课外阅读"的三位一体阅读课程设计中。其实，关于初中语文整本书阅读课程化的提议早已有之。

钱穆曾于20世纪20年代初撰《指导中等学生课外读书问题之讨论》一文，针对当时中等学生读书无周密之精神、无切实之方法的现状，规定"除精读选文外，每学年由校指定课外读书一种"，具体是"前期第一年读《论语》，第二年《孟子》，第三年《史记》；后期第一年《左传》，第二年《诗经》，第三年诸子（规定《老》《墨》《庄》《韩》《吕》《淮南》《小戴礼》《论衡》八部，由学生选其一部或两部）"。除第一年的《论语》有课内讲解外，其余均为课外阅读，课内讨论的目的是通过读《论语》来"养成学生有系统的读书之方法，并注重事实的考察与整理，以为以下五年自由研究之基础"。在具体读法指导上，钱穆是按照循序渐进来设计的，如第二年读《孟子》的主旨，是"在继续上学年指导学生有系统的读书之方法，并注意养成其做读书笔记之能力"；第三年读《史记》的主旨，是"在继续前两年养成学生有系统的读书方法及做读书笔记外，并得分组研究较为更自由之发展"。目的是通过前三年切实详密之指导，"令学生养成自首至尾专攻一书之精神，并开示其系统的研究之门径"。钱穆强调"讨论指导中等学生读书问题，应先考虑（一）须着眼于多数学生，而定一普遍之标准；（二）须着眼于多数学科，而定一适当之分量；（三）须着眼于多数书籍，而定一公平之选择；（四）须着眼于多数事实，而定一更可能而更见效之办法"。钱穆的有关中等学生课外读书的讨论，与今天新一轮初中语文课程改革提倡"阅读为本"，将课外阅读纳入课程体系，形成"教读——自读——课外阅读"三位一体的阅读课程体系基本一致。

对于如何增加整本书阅读的量，将整本书阅读纳入课程教学，从调动学生阅读整本书兴趣的角度出发，必须扩大学生整本书阅读的选择面。在开列书单之前，不要忽略了课内教读、自读课文背后的整本书。这些经典的选文，经过老师的精讲，学生对其局部已有了相对的了解，对于选文所从来的整本书，则充满了期待，从接受美学的立场出发，这些选文背后的整本书更能有效激起学生的阅读兴趣。

从某种意义上说，语文教师能真正读好几本书，真正会读整本书的并不是很多。因为从教学的立场出发，教师的整本书阅读不是一般意义上的读书。首先，教师的整本书阅读其实是一门课程的开发；其次，教师的整本书阅读应该是一种阅读方式的示范；最后，教师的整本书阅读还应该是适合的教学形式的发现。从教学立场出发的教师的整本书阅读，尤其是阅读列入学生整本书阅读范围的相关著作，应该有意识地从阅读方法指导与阅读教学设计的角度进行，并且养成习惯。

二、初中语文教师的表达教学素养

所谓"表达"主要有"口语表达"和"书面表达"之分。从学生教育角度来说，不管是"口语表达教学（口语交际教学）"还是"书面表达教学（写作或作文教学）"，首先都要求教师有良好的"口语表达素养"和"书面表达素养"。也因此，本书认为提升语文教师表达教学素养的最佳途径有二："专业写作"与"专业教学"。为何会有此判断？主要有如下理由：首先，专业写作能够帮助语文教师提升书面表达素养，而专业教学能够帮助语文教师提升课堂口语表达素养。这与所强调的"表达"内涵也是相一致的。其次，这两种途径都是实践取向的。语文教师核心素养发展的场域更多的是在学校之内、课堂之中，而语文教师的教育行为也基本发生于学校之内、课堂之中，因此以专业写作和专业教学为抓手能够更好地促进教师个人专业水平的提升。最后，专业写作与专业教学相辅相成。专业教学主要涉及教师在课堂中的导入能力、提问能力、评价能力等，表现为一种专业的口语表达。专业写作主要涉及教师的作文（教学指导）能力、教学论文写作能力、课题研究能力等，表现为一种专业的书面表达。对课堂教学中的"导入""提问""评价"的思考，可形成专业的教学反思和教学论文，甚至可以作为一个小课题进行研究，而研究所获又可进一步提升或优化课堂教学，依此循环，坚持下去，通过专业表达和专业实践，可以有效地促进教师表达教学素养的不断发展。

（一）善思与常写：专业写作能力提升策略

强调教师专业发展有四个"不停"——不停地实践，不停地阅读，不停地思考，不停地写作。这四个"不停"正如一把尺子，可以丈量出一名教师的职业素养与职业情怀的短长。真正意义上的教育实践、教育反思、专业阅读，需要以专业写作为主线，串联起相应的教育教学活动。换句话说，唯有持之以恒的专业写作，才能带动起持之以恒的专业实践、专业阅读和专业思考。并且，也只有教师真正懂得和愿意写作，才有可能教会学生如何写作以及爱上写作。

从一般写作的角度看，作为教师可选择的写作形式其实是很丰富的，类型也多样，既可以写长文也可以写短文，既可以写小说也可以写散文，既可以写教育随笔也可以写教研论文。写作的话题也较为广阔，既可以是日常生活中的琐碎小事，也可以是社会之要事、国家之大事，更可以是教学工作中的所思所感。

思想是一个人的脊梁，是一个人安身立命的根本，更是一个人与生俱来的资本和权利。那么，作为人类灵魂工程师的教师，更应该重视自己的所感所思所感。往往一味埋头忙于教学和管理中的琐碎实务，比如备课、上课、批改作业、写教案、值班乃至应付上级检查、考核等，以致常常忘了思考、丢了自己。"人会因思而变"，教师也不例外，他们因思考教学设计而让课堂焕发生命，因思考学生困惑而让师生关系变得融洽和谐。除此之外，我们还应了解和懂得比"思想"（思考）更重要的是"思想着"（思考着），前者也许是一种决心或态度，后者却是一种状态和习惯，更是一种教育智者、行者的姿态。

那么，如何体现教师在时刻"思想着"？回答是：用不断的专业写作"成果"来佐证。有"吸收"有"倾吐"，再"吸收"再"倾吐"，循环下去，提升的是专业水平与学科素养，甚至是一个人的精神内涵与生命质量。单从教师个人的专业发展角度来说，所说的"专业写作"主要是指教育叙事、教学叙事、教育案例、教学案例、教学反思、教学论文、教育论文、教育随笔、读后感、教育书评、教育专著等。每一种专业写作形式的要求各不一样，各有风格。有偏情境叙事的，如教育叙事、教学叙事、教育随笔等；有偏案例反思的，如教育案例、教学案例、教学反思、读后感、教育书评等；还有偏著说立论的，如教学论文、教育论文、教育专著等。除了教育专著外，不管是什么体例、样式的专业写作方式，其往往是对教育教学中的某个小问题进行系统的、有针对性思考、研究，然后从某一视角对之进行阐释、解读。这个过程其实就是对自己想要解决的问题所立意义付诸实践的过程。当这种"专业写作"成为一种自然状态时，教师收获的又何止是思想的拓片，它将是一种专业成长与视野开阔。

可以说，一名合格的教育工作者一定是一名专业阅读者与专业写作者。前者，各方声音强调的已有很多，但后者，好像更多地在有意无意地忽略、漠视乃至摒弃。然而，辐射全国，但凡有影响力的名师，几乎没有不进行专业写作的。写作促进着实践、阅读和思考，反之，不停地实践、阅读和思考又能进一步深化写作，彼此周而复始，永不停息，并静悄悄地推动着你跨过委顿走向明澈。这也应是任何一位普通的平凡教师走向优秀乃至卓越的必经之旅。

（二）温度与深度：专业教学能力提升策略

就教师专业发展来说，不管是阅读还是写作，抑或是观摩研讨，都有"纸上谈兵"之嫌，唯有将所学用于实践，才能真正验证所学是否适合自己所用。不经反思的实践不是科学的实践；同理，不经实践的反思也不是正确的反思。若想在课堂的百花园里收获幸福，播种者首先应耕好地、培好土，再借助阳光的洒照、雨水的浇灌，播下的种子才有开花结果的可能。

站立于课堂之上，教授的对象不是雕塑，也不是铜像，而是一个个富有鲜活灵性的生命个体。他们需要交流、沟通、呵护、关爱、陪伴、指导、帮助，等等。而这些需要又基于良好的师生关系、和谐的教育环境。所以，需要努力让课堂富有温度，让教学具有深度，只有这样，才有可能让学生的未来人生极具高度。让每一堂普通的"家常"课富有温度想必是诸多一线教师一直以来的追求。那么，如何才能让语文课保持适宜的温度？要以下三点需要重点思考。

第一，教学实践的育人目标应该是基于学生立场的，并以追求学生的更好发展为导向。结合语文核心素养来说，就是从语言、思维、审美、文化等方面着手，将这些要素渗透于课堂教学活动之中，通过师生之间的对话交流、活动体验，共同经历素养提升的意义之旅。

第二，课堂学习活动应该是贴合学情的，符合大多数学生的价值需求。在班级授课的大环境下，也许还没有条件做到个别教学乃至一对一教学，但至少应该努力地去实现大多数人的因材施教，尽可能地让每一位孩子都找到学习语文的兴趣，并走上会学语文的道路。

第三，课堂评价的介入需要及时且有效。教育学视域下的评价应是促进学生学习的评价，而非仅仅是验证或评估学生学习质量的评价。课堂评价不在多而在精，不在美而在巧。有时在课堂上不经意的一句话会给学生以力量，在其内心埋下向上生长的种子。

另外，除了让课堂富有温度外，还应努力让每一次教学都具有深度。何谓教学有深度？有的教师觉得就是忽略学生已会的，教出学生不会的，或者说是常态教学容易忽视的地方。若想实现温度与深度的完美融合，广大语文教师必须坚守住自己的"一亩三分地"，深入课堂现场，精准把握教学困境，实现知性与情感的突围。

(三) 公开课：联结专业写作与专业教学的重要桥梁

"公开课"（也叫观摩课、研讨课等）不仅是学校教育教学的重要形态之一，也是考量教师专业素养的一种相当重要的手段和途径。教师职称晋级、省市县各级骨干教师、优秀教师评比等，都需要上"公开课"。一般而言，"公开课"前需要教师更加精心地备课（或者同行议课），成果往往表现为教学设计，专业写作的其中一种。而课后还需要教师更加细心地思课（或者同行评课），成果首先表现为具体、鲜活的课堂实践，其次表现为有针对性的教学反思。因此，从某种意义上来说，"公开课"可以很好地勾连并发展一个教师的专业写作与专业教学能力。

参考文献

[1] 任卫杰. 核心素养下的语文教学策略探究 ［M］. 宁夏阳光出版社，2021. 10.

[2] 周璐璐. 基于语文核心素养的文本解读 ［M］. 青岛：中国海洋大学出版社，2021. 07.

[3] 吴莹. 阅读，打开语文核心素养之门 ［M］. 长春：吉林文史出版社，2021. 04.

[4] 刘鹰. 基于核心素养的语文生态课堂创新教学设计 ［M］. 南京东南大学出版社，2021. 12.

[5] 周康平. 让学习真正发生指向语文核心素养的课堂转型 ［M］. 杭州：浙江科学技术出版社，2021. 08.

[6] 杨旭明，廖鹏飞，朱迪光. 核心素养导向的语文微课教学 ［M］. 天津：南开大学出版社，2021. 12.

[7] 苑青松，张福清. 教师教育学科核心素养丛书语文学科核心素养提升读本 ［M］. 广州：广东高等教育出版社，2021. 08.

[8] 魏小娜. 中学语文教学设计 ［M］. 北京：中国人民大学出版社，2021. 03.

[9] 陈丽，邬元萍. 初中语文教学与课堂策略研究 ［M］. 长春：吉林人民出版社，2021. 08.

[10] 陈西春. 初中语文教学与高效课堂策略探索 ［M］. 长春：吉林人民出版社，2021. 07.

[11] 薛仲玲. 初中语文新课程教学与研究 ［M］. 长春：吉林人民出版社，2021. 09.

[12] 阳丽丽. 初中语文"读悟写"一体式教学 ［M］. 2021. 04.

[13] 福荣，范春荣，黄秋平. 核心素养在中学语文教学中的培养策略 ［M］. 长春：吉林人民出版社，2020. 11.

[14] 戴银. 核心素养下的初中生整本书阅读方法初探 ［M］. 苏州：古吴轩出版社，2020. 08.

[15] 司新华. 语文教学的高阶策略 ［M］. 重庆：西南师范大学出版社，2020. 08.

[16] 沈芸. 初中语文课堂教学研究与实践 ［M］. 长春：吉林大学出版社，2020. 09.

[17] 陈丽云. 初中语文延伸阅读教学的探索与实践 ［M］. 长春：东北师范大学出版社，

2020. 01.

［18］陈新民. 语文核心素养与课堂教学创新研究［M］. 长春：吉林文史出版社，2020. 03.

［19］张晓琳. 初中语文读写结合教学策略研究［M］. 长春：吉林人民出版社，2020. 03.

［20］张雪霞. 教学反思构建初中语文有效课堂［M］. 长春：北方妇女儿童出版社，2020. 07.

［21］付杰. 初中语文教学的基本素养［M］. 西安：陕西人民教育出版社，2020. 08.

［22］刘丽民. 初中语文教学设计与实施研究［M］. 天津：天津科学技术出版社，2020. 05.

［23］王静. 学科核心素养的培养与课堂教学转型［M］. 天津：天津教育出版社，2019. 10.

［24］金荷华. 语文教师核心素养与提升指导［M］. 上海：复旦大学出版社，2019. 07.

［25］范新阳，朱林生. 中学语文核心素养教育论［M］. 苏州：苏州大学出版社，2019. 12.

［26］吕洋，徐殿东，张晓华. 基于核心素养提升的语文智慧课堂［M］. 陕西师范大学出版总社，2019. 09.

［27］丁培勤. 基于核心素养的语文学科能力研究［M］. 吉林出版集团股份有限公司，2019. 10.

［28］施柏明. 初中语文阅读教学课堂激活探析［M］. 青岛：中国海洋大学出版社，2019. 08.

［29］顾李顺. 初中语文教学高效策略［M］. 吉林文史出版社，2019. 06.

［30］张刚. 初中语文教学策略实践［M］. 北京：现代出版社，2019. 06.